Cornelia & Sirko Trentsch

NORWEGENS NORDEN

KYSTRIKSVEIEN UND HELGELAND

50 TIPPS ABSEITS der ausgetretenen PFADE

360° medien

IMPRESSUM
Norwegens Norden, Kystriksveien und Helgeland
50 Tipps abseits der ausgetretenen Pfade
Cornelia & Sirko Trentsch

Nachtigallenweg 1 | 40822 Mettmann
360grad-medien.de

Redaktion und Lektorat: 360° medien

Satz und Layout: Elke Gräfe

Gedruckt und gebunden:
LD Medienhaus | Hansaring 118 | 48268 Greven | ld-medienhaus.de

Bildnachweis: siehe Seite 288

ISBN: 978-3-96855-508-9
Hergestellt in Deutschland

360grad-medien.de

Cornelia & Sirko Trentsch

NORWEGENS NORDEN

KYSTRIKSVEIEN UND HELGELAND

50 TIPPS ABSEITS der ausgetretenen PFADE

360° medien

VORWORT

„Auf der Karte werden die Inseln zu Punkten und Kommas,
doch wenn du genauer hinschaust, findest du Namen.
Wie Lovund und Træna und Dønna und Tomma.
Hier haben wir den Platz, den viele vermissen.
*In Helgeland, in Helgeland. Tausende Inseln wie Perlen an einer Schnur."**

Mit dem Auto ist es von Trondheim bis zum Lofoten-Archipel nur eine Tagesfahrt, mit dem Flieger braucht man lediglich eine gute Stunde. Selbst die Etappe der Europastraße 6 zwischen Trondheim und Narvik, auf dem Weg zu weltweit begehrten Sehnsuchtszielen, wie dem Nordkapp oder Tromsø, dem „Paris des Nordens", ist ebenfalls in rund 14 Stunden zu „bewältigen" ...

Dabei gibt es mehr als nur einen guten Grund, bereits die Fahrt durch diese Region mit unvergesslichen Augenblicken zu verknüpfen und dafür deutlich mehr Zeit einzuplanen – unabhängig davon, ob Sie sich für die längere Route auf der Küstenstraße Kystriksveien (Fv17) oder die Europastraße 6 entscheiden. Eine Woche, einen Monat oder länger ... ? Das kann und will dieses Buch nicht beantworten, denn es soll mehr Reisebegleiter als Reiseführer sein und Sie stattdessen lieber zu bislang übersehenen, nicht genutzten oder kaum bekannten Abstechern, Ausflügen, Aktivitäten und Umwegen in dieser Landschaft inspirieren. Zugleich möchte es sensibilisieren, sich treiben zu lassen, neugierig zu sein und dadurch fernab der ausgetretenen Pfade zu neuen Ein- und Ausblicken zu gelangen. Überdies sollen unsere folgenden Tipps dazu animieren, einige der unzähligen Inseln vor der Küste zu besuchen sowie den Zauber der wild-ursprünglichen Natur auf unvergesslichen Wanderungen zu entdecken und so verborgene Plätze fernab des Alltags und der Touristenströme zu finden.

Unsere liebevoll zusammengestellte Auswahl beinhaltet dafür eine abwechslungsreiche Mischung ganz unterschiedlicher Empfehlungen – ob es um Aktivitäten in der Natur, landschaftliche Attraktionen, abgelegene Orte, historische Stätten, wenig bekannte Inseln oder genussvolle Momente geht. Dennoch erhebt diese

Zusammenstellung weder einen Anspruch auf Vollständigkeit oder die Preisgabe absoluter Geheimtipps, die es nach unserem Dafürhalten heute ohnehin kaum noch geben kann und die spätestens mit der Veröffentlichung dieses Buches sowieso nicht mehr geheim wären. Vielmehr empfehlen wir einige weniger bekannte Alternativen zu vielbesuchten Attraktionen im ganzen Land, Orte, die bislang hauptsächlich von Einheimischen aus der Region geschätzt werden, und Destinationen, die abseits der pulsierenden Touristenströme liegen und im wahrsten Sinne des Wortes nur allzu oft liegen gelassen werden.

„Warum sind wir nicht früher schon einmal hier abgebogen ...?" Eine Frage, die Ihnen sicherlich bekannt vorkommt und die wir uns ebenfalls immer noch viel zu häufig stellen. Regelmäßig ertappen wir uns dabei, einen Abzweig, eine alternative Route oder einen unbedeutenden Wegweiser auf dem Weg zum nächsten, vermeintlich wichtigeren Ziel zu ignorieren. Diese mögliche Entdeckung, das Abenteuer fernab der eigentlichen Route wird dann nur all zu oft auf „Irgendwann" verschoben. Dabei ist bzw. wäre es meistens eine gute Chance, tief(er) in das Land einzutauchen, aus einer simplen Fahrt eine erlebnisreiche Reise zu machen und Neues zu entdecken.

Daher laden wir Sie herzlich ein, auf Ihrer nächsten Fahrt zwischen Trondheim und den Lofoten oder Narvik nicht den schnellsten und kürzesten Weg zu wählen, sich auf einige unserer Empfehlungen einzulassen, die Hauptverkehrsrouten mehr als einmal zu verlassen und zumindest für eine Strecke die faszinierende Route an der Küste auf dem Kystriksveien (Fv17) zu wählen. Auf diese Weise wird der Weg nicht nur das Ziel, sondern kann sogar das Highlight Ihrer Reise sein.

Cornelia & Sirko Trentsch

*Eingangszitat: Freie deutsche Übersetzung aus dem Text des Liedes „Sang tel Helgeland" von Kai Larsen

INHALTSVERZEICHNIS

Hinweise:

Aus Gründen der besseren Lesbarkeit wird auf eine geschlechtsneutrale Differenzierung verzichtet. Entsprechende Begriffe gelten im Sinne der Gleichbehandlung grundsätzlich für alle Geschlechter. Die verkürzte Sprachform beinhaltet keine Wertung.

Strand Langsanden auf Sandhornøya

Nordwärts zwischen Trondheim und den Lofoten

Herzlich willkommen in „unserer" Welt, willkommen im Norden Norwegens. Ob dieser bereits nördlich von Trondheim, ganz formal am großen Nordland-Portal über der Europastraße 6 oder vielleicht doch erst am Polarkreis beginnt, mag dabei in der persönlichen Wahrnehmung sowie der jeweiligen Definition liegen.

In der frühen Wikingerzeit, vor der Herrschaft von Harald Schönhaar, war die Sache einfacher: Die südliche Grenze des nordischen Königreiches Hålogaland verlief am Fluss Namsen, der dem Namsdalen im Norden Trøndelags seinen Namen gab. Im Norden erstreckte sich dieses Reich entlang der Küste bis zum Lyngenfjord bei Tromsø. Die nördliche Grenze zur Finnmark (nordisch Finnmork – „Land der Sami") verschob sich im Laufe der Zeit immer weiter nach Norden. Der Kabeljau- und Heringsfang, die Robben- und Walfischjagd sowie das Sammeln von Eiern und Daunen machten die Bewohner des Königreiches zu einem wohlhabenden und mächtigen Volk.

Winter an der Helgelandskysten

Ab dem 12. Jahrhundert, im Zuge der Christianisierung und der damit verbundenen Verschiebung der Machtverhältnisse, wurde das einst stolze Königreich zu einem Teil Norwegens, dessen Grenzen sich immer weiter nach Nordosten verschoben. Norwegen wurde in verschiedene Bezirke unterteilt, deren Grenzen sich durch geografische Gegebenheiten, frühere Königreiche und historische Entwicklungen ergaben. Auf dem früheren

Insel Engeløya (Salten)

Gebiet von Hålogaland entstanden so die zusammenhängenden Regionen Vesterålen, Lofoten, Ofoten, Salten, Helgeland sowie das nördliche Trøndelag. Die Zugehörigkeit zu diesen historisch verankerten Regionen prägt bis heute die Identität der Nordnorweger, sei es durch das Tragen der jeweiligen Trachten, die Verwendung von Dialekten oder andere kulturelle Gemeinsamkeiten.

Im Zuge zahlreicher Reformen sind die Grenzen dieser überlieferten Regionen verschwommen, und so fließend sie auch sein mögen, ist jedoch klar, dass wir Sie mit diesem Buch durch den nördlichen Teil der heutigen Provinz Trøndelag und nahezu die gesamte Provinz Nordland begleiten. Ein riesiges Gebiet, das gleichermaßen durch eine extrem zerklüftete Küste mit unzähligen Inseln und eine wild ursprüngliche Natur in den immerhin neun (!) Nationalparks gekennzeichnet ist. Begrenzt wird es im Osten durch die Grenze zu Schweden, im Süden durch den Trondheimfjord, im Westen durch die Küste zum Polarmeer und im Norden durch die Ofoten südlich von Narvik.

Nördlich von Trondheim, im Norden Trøndelags, dominiert eine weite Landschaft, geprägt von hügeligem Terrain, die Szenerie. Saftig grüne Wiesen und weite Felder zeugen bis heute von der traditionellen landwirtschaftlichen Bedeutung dieser Region. Sie beeindruckt daher zugleich durch ihre reiche Geschichte und frühere Rolle als Machtzentrum Norwegens. Klöster, Festungen, Ruinen und andere historisch bedeutende Orte gewähren interessante Einblicke in diese längst vergangenen Zeiten.

Nördlich des Namdalens, wo einst die Grenze zu Hålogaland verlief, erreichen wir das heutige Helgeland mit seiner ausnahmslos spektakulären Küste, die inzwischen unter dem Namen Helgelandskysten zunehmend populärer wird. Gewaltige, steile Berge ragen direkt aus dem Meer empor und schützen förmlich die versteckten Buchten zu ihren Füßen. Dort trifft die Brandung des Polarmeeres entweder auf vom Wasser geformte Klippen oder muschelweiße, feinsandige Strände. Viele der vorgelagerten Inseln verzaubern Besucher mit ihrem authentischen Lebensgefühl, einem ganz eigenen Frieden fernab des Festlands und dem unverwechselbaren Charme, der von der verschworenen Gemeinschaft der Inselbewohner lebt. Wenn dazu noch einer der zahlreichen Seeadler majestätisch über dem Meer kreist oder ein niedlicher Papageitaucher vor der Kamera posiert, ist der Glücksmoment perfekt.

Gewitterabend unweit von Brønnøysund

Im inneren Helgeland ist es hingegen die scheinbar übermächtige Natur mit dem ewigen Eis der Gletscher, tief eingeschnittenen Tälern, düsteren Grotten, weiten Wäldern und rauschenden Gebirgsflüssen, die alle Reisenden regelrecht verzaubert. Wer mag, kann hier tagelang unterwegs sein, ohne andere Menschen oder Zeichen der Zivilisation zu finden. Für viele gleicht dies einem Stück Kanada in Europa …

Seeadler vor Helgeland

Wir passieren den Polarkreis und erreichen so das Gebiet Salten, prädestiniert gegenüber den Lofoten gelegen und deshalb schon immer die Heimat bedeutsamer Handelsposten und wichtiger Häfen. Die regionale Identität der Saltværinger, also der Einwohner Saltens, und deren Traditionen sowie Spezialitäten haben bis heute die Zeit überdauert. Und so schwören die Einheimischen beispielsweise nach wie vor auf ihre leckeren Møsbrømlefse Teigfladen sowie die jahrhundertealte Handwerkskunst im Bau von Holzbooten.

Die Landschaft ist hier noch stärker zerklüftet als im südlich gelegenen Helgeland und viele Halbinseln oder Landzungen sind bis heute nur schwer mit dem Boot oder zu Fuß zu erreichen. Die fast furchteinflößenden Gebirgsmassive aus Millionen Jahre alten Granit erstrecken sich teilweise von der Grenze zu Schweden bis an die Küstenlinie, oft durchfurcht von langen Fjorden, die sogar den Verlauf der Europastraße 6 unterbrechen. Eine eigene kleine Welt, die etwas südlich von Bodø beginnt und den benachbarten Lofoten in nichts nachsteht – sich daher durchaus als ruhigere Alternative zu dieser extrem populären Inselwelt empfiehlt.

Zeit aufzubrechen und so sagen wir: „Hjertelig velkommen!“

WISSENSWERTES VORAUSGESCHICKT ...

Ergänzend zu bereits zahlreich vorhandenen Publikationen grundlegender Informationen über Norwegen, möchten wir Ihnen aus unseren Erfahrungen von knapp 40 Norwegen-Reisen nachfolgend einige spezielle Empfehlungen für die Planung Ihrer Reise in der beschriebenen Region geben.

Reisezeit
Grundsätzlich lässt sich die Region zwischen Trondheim und den Lofoten ganzjährig bereisen. Es gibt jedoch durchaus einige Zeitfenster, die sich – ganz abhängig von den individuellen Erwartungen, Interessen und weiterer Variablen – empfehlen, um in den Norden Norwegens aufzubrechen.

Dabei geht es aber weniger um die Aussichten auf gutes Wetter, denn aller Statistik zum Trotz lässt sich das für eine Region mit immerhin drei Klimazonen und speziell für die Küstengebiete kaum seriös prognostizieren. Dort ist, geprägt vom Golfstrom, das Klima zwar generell milder, als man es gemeinhin für diese

Der September ist unsere liebste Reisezeit für die Region

Breitengrade annimmt. Allerdings ist das Wetter auch entsprechend wechselhaft, mitunter extrem stürmisch, und oft reicht ein kurzer Moment oder nur die Fahrt durch einen Tunnel, um ganz verschiedene Jahreszeiten zu erleben. Entlang der Europastraße 6 und im Binnenland im Osten der Region dominiert hingegen meist das Kontinentalklima mit langen, teils harten Wintern und unwirtlichen Bedingungen.

Daher sollte man sich im Klaren sein, was man auf der eigenen Reise sehen, erleben und unternehmen möchte: Das Licht der Mitternachtssonne über den noch schneebedeckten Gipfeln in der Stille der Nebensaison Ende Mai oder lieber mit sommerlichen Wiesen und vielen anderen Touristen in der Hochsaison Anfang Juli? Goldene Herbstfarben, perfekte Wanderbedingungen und die ersten Nordlichter ab Ende August, wenn es in der Region schon wieder ruhiger wird? Oder vielleicht die kurzen Wintertage im Zwielicht der Polarnacht im Januar, wenn die Nordlichter in sternenklaren Nächten über der verschneiten Landschaft tanzen?

In jedem Fall sollte man berücksichtigen, dass die Region und speziell die etwas abgelegeneren Orte durch eine extrem kurze, aber intensive Sommersaison gezeichnet sind. Viele touristische Betriebe öffnen daher nur im Juli und August, einige andere von Mai bis September oder einfach auch abhängig von der aktuellen Wetterlage. Dieser Effekt wird verstärkt durch die sogenannten „fellesferie" – einer Zeitspanne zwischen Mitte Juli und Mitte August, in der nahezu alle Norweger Urlaub haben und ebenfalls im eigenen Land unterwegs sind. Dann kann es auch an eigentlich ruhigen Plätzen schon einmal turbulenter werden und sich an den Fähren Warteschlangen bilden.

Daher favorisieren wir für unsere Reisen mittlerweile die Zeit zwischen Mitte August und Ende September, wenn es schon wieder deutlich ruhiger wird, relativ viele Gastbetriebe und Campingplätze noch geöffnet haben und bei oft erstaunlich milden Temperaturen bereits die ersten Nordlichter die Nächte verzaubern. In den Gebirgsregionen locken beste Bedingungen zu ausgedehnten Wanderungen – einfach perfekt.

Eigenverantwortung in Norwegen

Aus der Geschichte und Kultur des Landes heraus ist das Prinzip der Eigenverantwortung bei den Norwegern tief verwurzelt. Deshalb findet man nur selten Verbotsschilder, Absperrungen oder andere Einschränkungen der individuellen Freiheit, insbesondere in der Natur. Jeder ist aufgefordert und angehalten, die Risiken für sich selbst abzuschätzen und eigenverantwortlich zu handeln. So bleibt es meist, wenn überhaupt, bei einigen Empfehlungen oder Ratschlägen für die Benutzung von abenteuerlichen Straßen, das Durchqueren uralter Tunnel, das Betreten von ungesicherten Grotten oder Wanderungen auf ausgesetzten Passagen.

Daher werden Sie nachfolgend einige Tipps finden, die nach mitteleuropäischen Maßstäben durchaus unterschiedlich zu bewertende Risiken und Herausforderungen während der Anfahrten, auf den Wanderungen oder am Ziel einiger Touren beinhalten. Jegliche Umsetzung dieser Empfehlungen erfolgt daher entsprechend der geschilderten Prinzipen auf eigenes Risiko und sollte zuvor hinsichtlich der individuellen Voraussetzungen, Erfahrungen sowie der vorhandenen Ausrüstung überprüft werden. Im Zweifelsfall empfehlen wir im Vorfeld weitere Recherchen.

Befahrbarkeit von Straßen

Alle Hauptstraßen der Region wie die Europastraßen und der Kystriksveien (Fv17) sowie die anderen zweistellig nummerierten Nebenstrecken auf den „Fylkesveien" (Fv) sind in der Regel mit allen Fahrzeugen zu befahren – im Winter teilweise witterungsabhängig und oft nur mit entsprechenden Vorkehrungen wie beispielsweise Schneeketten.

Nebenstrecken, Schotterstraßen im Gebirge und insbesondere die Anliegerstraßen vom Energieversorger Statkraft sind aufgrund von Durchfahrtshöhen einiger Tunnel und fehlendem Winterdienst nur zu bestimmten Zeiten und mit geeigneten Fahrzeugen befahrbar. Für Wohnanhänger und größere Wohnmobile sind diese Strecken in der Regel ungeeignet, und es hängt weitgehend vom fahrerischen Können sowie dem eigenen Ermessen ab, ob man sich hier abseits der ausgetretenen Pfade bewegen möchte.

Tunnel und Straßen entsprechen nicht immer mitteleuropäischen Maßstäben

Fähren und Linienboote entlang der Küste

Was für uns Mitteleuropäer die bekannten öffentlichen Verkehrsmittel sind, stellt für die Norweger entlang der Küstenregionen das Angebot an Fähr- und Bootsverbindungen dar. Täglich verkehrende Linienboote zwischen den Inseln entsprechen unseren Busverbindungen und fahren in der Regel nach einem festen Fahrplan jede bewohnte Insel an. Für entlegene Ziele muss man, besonders in der ruhigeren Nebensaison, die Anfahrt gewisser Häfen am Tag zuvor kostenlos anmelden, damit die Schiffe nicht umsonst unterwegs sind. Bezahlt wird entweder im Vorfeld, wenn man die Überfahrt online reserviert oder auch direkt an Bord des Schiffes mit Kreditkarte oder Bargeld.

Die Fähren vom Festland zu den Inseln oder zwischen diesen und entlang des Kystriksveien (Fv17) verkehren ebenfalls nach einem festen Fahrplan und müssen nicht im Voraus reserviert werden. Um die teils abgelegenen Regionen zu unterstützen, verkehren die meisten Fähren, auf die wir in den folgenden Tipps verweisen, kostenlos. Ein jederzeit genaue Übersicht der kostenfreien Verbindungen findet man auf der norwegischen Webseite *autopassferje.no/gratis-ferje*.

Linienboote verbinden die Inseln untereinander und mit dem Festland

Auf den wenigen kostenpflichtigen Fährpassagen ist die Bezahlung weitestgehend automatisiert, sodass man in der Regel nach seiner Reise eine postalische Rechnung erhält. Darüber hinaus gibt es aber einige interessante Optionen, um bis zu 50 Prozent Rabatt auf die Fährtarife zu erhalten. Die Details dazu finden Sie auf unserer Webseite *Nordlandblog.de* im Bereich Norwegen > Ratgeber.

Bei der Reiseplanung sowie allen Inselausflügen sollte man zudem berücksichtigen, dass aufgrund der Wetterbedingungen jederzeit der komplette Schiffsverkehr vorübergehend eingestellt werden kann. Sollten die Prognosen oder Unwetterwarnungen auf der norwegischen Wetterseite *yr.no* daraufhin deuten, empfiehlt es sich, entsprechende Utensilien für spontane Übernachtungen mitzuführen oder den Ausflug zu verschieben.

Abgrenzung der Regionen

Wir ordnen in diesem Buch unsere Tipps größtenteils historischen Regionen, wie beispielsweise Ofoten, Salten oder Helgeland zu, da diese Territorien unter anderem im touristischen Bereich nach wie vor eine Bedeutung haben.

Mittlerweile ist es jedoch schwierig, diese Regionen eindeutig abzugrenzen, da sie neuen administrativen Verwaltungseinheiten zugeordnet wurden und die ursprünglichen Grenzen durch mehrere Gemeinde- und Provinzreformen zunehmend verschwimmen. Erschwerend kommt hinzu, dass die Zuordnungen und Bezeichnungen von geografischen Unterteilungen je nach gesellschaftlichem Bereich stark variieren. Neben den formellen Verwaltungseinheiten der Gemeinden und Provinzen existieren in religiöser, struktureller und kultureller Hinsicht jeweils andere Einteilungen.

Geografische Bezeichnungen und Schreibweisen

Bedingt durch die Existenz von zwei offiziellen Schreibsprachen (Nynorsk und Bokmål) und einer Vielzahl regionaler sowie lokaler Dialekte findet man in Norwegen selbst in aktuellen Publikationen und Landkarten für den gleichen Ort oft unterschiedliche Bezeichnungen. Aufgrund historischer Überlieferungen und touristischer Einflüsse wird diese Tendenz verstärkt.

Bei der Reiseplanung sollten Sie sich nicht irritieren lassen und daher gegebenenfalls auf verschiedene Tools zurückgreifen. Daher verwenden wir auf den folgenden Seiten hauptsächlich GPS-Daten zur leichteren geografischen Zuordnung der genannten Ziele.

Schwierigkeitsgrade der Wanderungen

Die Norweger sind wahre Optimisten, insbesondere wenn es um die Einschätzung der Herausforderungen und Distanzen von Wanderungen geht ... Daher verzichten wir bewusst auf die Angabe bzw. Weitergabe von teils publizierten Schwierigkeitsgraden zu den empfohlenen Wanderungen, da diese zu oft subjektiven Einschätzungen unterliegen.

Stattdessen empfehlen wir, sich im Voraus gründlich auf die Wanderungen vorzubereiten, mithilfe der vorhandenen QR-Codes einen umfassenden Eindruck zu verschaffen und die erkennbaren Herausforderungen mit den eigenen Fähigkeiten und Erwartungen abzugleichen.

Hinweis: Weiterführende und ständig aktualisierte Informationen zu wichtigen Details der Reiseplanung und -vorbereitung finden Sie über unsere Webseite *Nordlandblog.de*

TOP 10

DER SEHENSWÜRDIGKEITEN VON TRONDHEIM BIS ZU DEN LOFOTEN

1 **Kystriksveien:** Der Kystriksveien oder auch ganz formal als Fylkesveien 17 (Fv17) bezeichnet, gehört laut dem Magazin National Geographic zu den 100 atemberaubendsten Landschaftsrouten der Welt. Und das aus gutem Grund: Wie ein magisches Band aus Asphalt folgt diese malerische Route über rund 650 Kilometer dem Verlauf der rauen Küste zwischen Steinkjer und Bodø. Auf jedem Kilometer der Küstenstraße offenbaren sich dem Reisenden vielfältige Eindrücke und mythisch schöne Landschaften mit weißen Sandstränden, karibikblauem Meer, bizarren Felsformationen sowie pittoresken Fischerdörfern – eine wunderbare Route für einen entspannten Roadtrip unter der Mitternachtssonne oder den Nordlichtern. Daher gehört mittlerweile der rund 400 Kilometer lange Abschnitt zwischen Holm und Godøystraumen als „Nasjonal turistveg Helgelandskysten" zu den 18 besonders gut ausgebauten offiziellen „Norwegischen Landschaftsrouten".

2 **Torghatten:** Der Torghatten, ein markantes Bergmassiv vor der Küste Norwegens, fasziniert durch ein einzigartiges Loch, geformt durch die riesigen Kräfte der Natur. Das charakteristische Loch inmitten des Gesteins, etwa 160 Meter lang und 35 Meter hoch, verleiht dem Torghatten mit seiner einzigartigen Form etwas Übernatürliches, und so hält sich bis heute die Legende, wonach der Pfeil eines Hünen den Hut des Königs durchbohrte – die zu steingewordene Naturattraktion und somit zugleich ein populäres Ziel für Wanderer. Die bekannte und relativ einfache Wanderroute durch das Loch im Berg wurde mittlerweile größtenteils mit Steintreppen befestigt und erstmals zum Rundwanderweg erweitert. Für eine Übernachtung bietet sich der renommierte und beliebte Campingplatz direkt neben dem Torghatten an. Von den Stellplätzen in erster Meereslinie hat man einen unvergesslichen Blick auf die Schiffe der Hurtigruten, die diese Gewässer zweimal täglich zum Greifen nah passieren.

3 **Trondheim:** An der Mündung des Flusses Nidelva in den Trondheimfjord gelegen, verzaubert Trondheim Besucher gleichermaßen mit seiner reichen Geschichte und der pulsierenden Lebendigkeit einer jungen Stadt. Der Nidarosdom, ein Meisterwerk der Gotik, dominiert das Stadtbild und symbolisiert die spirituelle Bedeutung der Stadt, die zugleich das Ziel der Pilger auf dem populären Olavsweg ist. Die Altstadt mit den farbenfrohen Holzhäusern am Flussufer und den kleinen Gassen unterhalb der Festung Kristiansten lädt zu einem entspannten Bummel ein. In diesem malerischen Viertel finden sich gemütliche Cafés, Boutiquen und Kunstgalerien sowie die fotogene alte Stadtbrücke – ein

weiteres Wahrzeichen der Stadt. Die Architektur in diesem Teil der Stadt spiegelt die lange Geschichte wider, die ebenso im Erzbischöflichen Palast sowie der Festung Munkholmen lebendig wird. Neben vielen anderen Museen ist insbesondere „Rockheim", das Nationalmuseum für Rock- und Popmusik, mit seinen interaktiven Ausstellungen einen Besuch wert.

---

4 **Lofoten:** Die Lofoten, eine pittoreske Inselgruppe vor der nordnorwegischen Küste, gehören aufgrund ihrer gewaltigen Natur und reichen Kultur aus gutem Grund zu den absoluten Sehnsuchtszielen im Norden Europas. Dramatische Berge, die sich scheinbar aus dem Meer erheben, malerische Fischerdörfer mit den typisch roten Holzhäusern und tiefblaue Fjorde neben feinsandigen Stränden prägen die einzigartige Szenerie. Im Sommer taucht die Mitternachtssonne die Inseln in ein goldenes Licht, während die zahlreichen Wanderrouten unverwechselbare Ausblicke sowie Naturerlebnisse bieten. In den Herbst- und Wintermonaten tanzen hingegen oft die magischen Nordlichter über den verschneiten Bergspitzen – ein unvergessliches Schauspiel der Natur. Traditionelle Fischerdörfer wie Reine oder Nusfjord bieten nicht nur beeindruckende Einblicke in die Architektur und weltweit bekannte Fotomotive, sondern auch lokale Köstlichkeiten. Das Lofoten-Museum in Kabelvåg enthüllt die faszinierende Geschichte der Inseln und ist ebenso wie das Lofotr Vikingmuseum in Borg einen Besuch wert.

5 **Svartisen:** Wie blaue Zungen aus Eis erstrecken sich die Gletscherarme des Svartisen, mit 370 Quadratkilometern Norwegens zweitgrößter Festlandgletscher, aus der Bergwelt Helgelands fast bis zum Meer hinab. Insbesondere die Eismassen der relativ einfach zugänglichen Gletscherzunge Engabreen an der Westseite des Svartisen, unweit vom Holandsfjord, sind mittlerweile ein populäres Ziel für beeindruckende Ausflüge zum ewigen

Eis. In den Sommermonaten gibt es vom Parkplatz am Kystriksveien einen regelmäßigen Bootsshuttle über den Fjord und damit die Gelegenheit, auf einer anschließenden Wanderung vom Bauernhof Svartisen Gård um den Gletschersee sehr nah an das blau leuchtende Eis zu gelangen. In der Sommersaison hat zugleich die Hütte Brestua am Seeufer geöffnet und bietet bei lokalen Spezialitäten einen nahezu unbezahlbaren Blick von der Terrasse auf den gegenüberliegenden Engabreen.

6 **Værøy:** Værøy ist eine wahre Perle im malerischen Lofoten-Archipel und im Gegensatz zu den meisten anderen Inseln nur auf dem Seeweg zu erreichen. Daher hat sich das lediglich 19 Quadratkilometer große Eiland fernab der Touristenströme vielerorts seine Ursprünglichkeit erhalten, die durch den teils morbiden Charme verlassener Höfe oder alter Fischerhäuser noch verstärkt wird. Eingebettet in eine nahezu übernatürlich

schöne Naturlandschaft ist diese Szenerie jederzeit einen Zwischenstopp auf der Überfahrt von oder zu den Lofoten wert. Ein besonderes Highlight ist dabei der „Rullesteinstrand" mit seinen tausenden runden Steinen, die einen beeindruckenden Beleg für die jahrtausendelange Kraft des Meeres liefern. Ebenso gehört eine Wanderung zur populären Aussicht vom Håen zum Besuchsprogramm auf der Insel, die zudem mit historischen Relikten wie einigen Adlerfanggruben an die blutige Geschichte der Seeadler-Jagd erinnert. Im verlassenen Fischerdorf Måstad zeugen hingegen die heute leerstehenden Holzhäuser von längst vergangenen Zeiten, als die Fischer hier ein gutes Auskommen hatten. An den steilen Klippen lassen sich im Sommer überdies tausende niedliche Papageitaucher beobachten.

---

7 **Saltstraumen:** Unglaubliche 400 Millionen Kubikmeter Meerwasser strömen im Wechsel der Gezeiten viermal täglich durch die schmale Meerenge und erzeugen die urgewaltigen Naturkräfte des Gezeitenstroms Saltstraumen. Blubbernde

Strudel und weiß schäumende Wirbel sind der sichtbare Beleg für diese mächtige Strömung, die Touristen aus aller Welt fasziniert. Die beste Zeit für einen Besuch ist rund um Neumond oder Vollmond, wenn der Gezeitenstrom mit bis zu drei Metern Unterschied zwischen Ebbe und Flut am mächtigsten ist. Beeindruckende Aussichten auf dieses Naturschauspiel bieten die Saltstraumen-Brücke, die über die Wassermassen führt, oder einige Aussichtspunkte an der Küste, die man auf leichten Wanderungen erreicht. Der geschützte Meeresarm wird aufgrund seiner reichen Unterwasserwelt mit großen Seetangwäldern, bunten Anemonen und einem sagenhaften Fischreichtum von erfahrenen Tauchern sowie passionierten Anglern besonders geschätzt. Auf einem Abstecher zum Saltstraumen sollte man das vor Ort produzierte Arctic Salt probieren – gern auch in verführerischen Kombinationen, wie die gesalzene Karamellschokolade.

---

8 **Alsta und Die Sieben Schwestern:** Für viele Reisende ist die gigantische Helgelandsbrua das wahre Tor zur Helgelandskysten. Tatsächlich gehört die über 1000 Meter lange Schrägseilbrücke zu den Wahrzeichen in der Region, seitdem mit dem imposanten Bauwerk 1991 eine Straßenverbindung zwischen dem Festland und der Insel Alsta geschaffen wurde. Während die Helgelandsbrua ein Meisterwerk menschlicher Ingenieurskunst darstellt, hat die Natur im Süden von Alsta ihr eigenes Monument geschaffen: die Bergkette „Die Sieben Schwestern". Laut der Legende sollen es sieben versteinerte Schwestern sein, die der Bergkette mit den sieben einzigartigen Gipfeln ihren Namen gaben: Botnkrona, Grytfoten, Skjæringen, Tvillingene (Zwillingsgipfel), Kvasstinden und Breitinden bieten eine fantastische Aussicht über die unzähligen vorgelagerten Inseln der Helgelandskysten bis hinü-

ber zu den Lofoten und sind daher ein reizvolles Ziel für geübte Wanderer. Einige von ihnen liefern sich einen regelrechten Wettbewerb darum, in welcher Zeit man alle sieben Gipfel erklimmen kann, wobei der Rekord bei vier Stunden liegen soll …

---

9 **Bodø – Hauptstadt des Nordens:** Archäologische Funde belegen, dass es bereits mit dem Ende der letzten Eiszeit erste Ansiedlungen in der fischreichen und prädestiniert gelegenen Region um das heutige Bodø gab. Dennoch ist die Stadt in jeder Hinsicht jung: 1816 gegründet hat sie sich ihre Dynamik bis

heute erhalten und zu einer prosperierenden Metropole nördlich des Polarkreises entwickelt. Als wichtiger Verkehrsknotenpunkt dient sie vielen Reisenden als Fährhafen auf einer Lofoten-Reise oder Etappenziel an Bord eines Postschiffes der Hurtigruten. Beim Bummeln durch die Stadt entdecken Besucher sowohl lukullische als auch kulturelle Highlights, denn Bodø ist die Heimat einer lebendigen und angesagten Szene mit renommierten Restaurants, urbanen Cafés sowie einer Vielzahl künstlerischer Street-Art-Motive. Viele davon kann man auf dem Weg durch das Zentrum zum Hafen bewundern, von wo sich ein genialer Blick auf die moderne Skyline bietet. Wer lieber über die Stadt und die Umgebung schauen möchte, sollte hingegen den einfachen und für Kinderwagen geeigneten Weg zum Aussichtspunkt auf dem Kaiservarden, dem Stadtberg von Bodø, gehen.

---

10 **Polarkreis-Zentrum:** Ein willkommener Meilenstein auf den Passagen über das Saltfjellet und ein beliebter Ort für ein Selfie zur Erinnerung: Das architektonisch ansprechende Arctic Circle Center am Polarkreis neben der Europastraße 6. Seit seiner offiziellen Eröffnung am 13. Juli 1990 ist das Gebäude in der rauen Bergwelt des Nordens eine beliebte Oase für eine Einkehr oder eine ausgiebige Pause. Ein Bistro, ein Kino und ein großzügig gestalteter Geschenkeladen laden zum Verweilen ein. Eine Postkarte mit dem eigenen Poststempel vom Polarkreis ist dabei für viele Reisende und Sammler ein besonderes Highlight. Vom Parkplatz am Zentrum können Besucher zu einigen populären Wanderungen starten, wie der historischen Telegrafenroute oder dem Polar Circle Trail. Dieser 13 Kilometer lange Natur- und Kulturweg folgt der früheren Passstraße und führt von Bolna nach Sukkertoppen in Saltdal. Entlang des Weges bieten informative Tafeln Einblicke in den Eisenbahnbau, Kriegsdenkmäler und ältere samische Siedlungen. Da die Gegend ein wichtiges Weidegebiet für Rentiere ist, hat man gute Chancen, eine Herde beim Grasen beobachten zu können.

sammen. Gemeinsam flohen sie; getrieben von Angst versuchten sie dem drohenden Unheil zu entkommen.

Während der Flucht diskutierten die Königstöchter miteinander, wie närrisch es sei, vor dem besessenen Hestmannen zu fliehen. Es war nicht die geeignete Nacht, um ein Abenteuer zu erleben. Also warfen sie ihre Mäntel über die Insel Dønna, wo sie noch heute hängen, um sich anschließend auf der Insel Alsta von Sandnes bis fast nach Alstadhaug in einer Reihe aufzustellen: Zuerst die jüngste und schlankste Bottenkrona, gefolgt von Gryta, danach Skjæringen sowie die unzertrennlichen Zwillinge, dann Kvetind und zuletzt die korpulente älteste Breitind.

Aber die Schwestern hätte sich die Mühe sparen können. Hestmannen beachtete sie nicht einmal, denn seine Aufmerksamkeit galt ausschließlich Lekamøya. Als er bemerkte, dass sie an Vorsprung gewann, spannte er entschlossen seinen Bogen und schoss einen Pfeil in ihre Richtung.

Doch die Szene blieb nicht unbemerkt: Der König der Sømnafjellene bei Brønnøysund beobachtete amüsant die Jagd und griff schließlich ein. Er warf seinen Hut in die Flugbahn des Pfeils, um Lekamøya zu retten. Der Pfeil durchbohrte den Hut, änderte aber zum Glück seine Flugrichtung und landete weit draußen auf einem Riff. Der Hut selbst fiel auf Torget, eine Insel nahe Brønnøysund. Lekamøya gelang es gerade noch, sich auf die Insel Leka hinter die Berge zu retten.

Der Lärm der nächtlichen Jagd erreichte auch die Ohren des Sulitjelmakönigs. Getrieben von Neugier, stieg er hinab bis zum Saltstraumen, um nach dem Rechten zu sehen. Doch gerade in diesem Moment erstrahlte die Morgensonne am Horizont, und die Fabelwesen wurden zu Stein – sie alle hatten die kurzen Nächte im nördlichen Norwegen am Rande des Frühlings vergessen.

Noch heute stehen sie versteinert da und erzählen die Geschichte jener Nacht: Lekamøya als einzigartige Felsformation auf Leka; der Berg Torghatten auf der Insel Torget mit dem Loch, das der

Pfeil hinterließ; die Sieben Schwestern auf Alsta, auf ewig vereint. Der Hestmannen als eine imposante Gestalt auf der Insel Hestmona, während der Sulitjelmakönig zwischen Straumen und Beiarn verharrt. Seine Krone ragt zwischen den Børvasstindene empor und ist sogar von Bodø aus sichtbar. Und Vågakallen? Er thront weiterhin auf seinem 3000 Fuß hohen Stuhl über Henningsvær, als stummer Wächter über sein riesiges Reich der Lofoten.

Unterwegs an der Helgelandskysten

Vadsø
Tromsø
Kiruna
Bodø - Bådåddjo
Rovaniemi
Luleå
SCHWEDEN
Kajaani
Trondheim
Vaasa
FINNLAND
Tampere
NORWEGEN
HELSINKI
OSLO
Bergen
STOCKHOLM
Kristiansand
Göteborg
DÄNEMARK
KØBENHAVN

Narvik
Leknes
Bodø - Bådåddjo
NORDLAND
Rognan - Råggno
Ørnes - Gárrgonjárrga
NORWEGEN
E6
Mo i Rana
Arjeplog
Sandnessjøen
Mosjøen - Mussere
Brønnøysund
SCHWEDEN
Sorsele
KJØLEN MOUNTAINS
Storuman
Rørvik
Vilhelmina
Namsos
TRØNDELAG
Dorotea
Åsele
Steinkjer
Strömsund
Levanger
E6
Trondheim
Järpen
Krokom
0
100 km

Östlicher Trondheimfjord

Küstendorf Råkvåg (Indre Fosen)

Östlicher Trondheimfjord

1. Steinvikholmen: Stolze Festung im Trondheimfjord
2. Klosterinsel Tautra: Meditation, Nonnen und Seifen
3. „Den Gyldne Omvei“: Wenn der Umweg zum Ziel wird
4. Oftenåsen: Der größte Liegestuhl der Welt
5. Indre Fosen: Geschichte(n) am Trondheimfjord

Vik
Spillum
Bangsund
Klinga
Sjøåsen
Osen
Bessaker
Roan
Korsen
Kvam
E6
Binde
Guttelvika
Stoksund
Malm
Steinkjer
4
Follafoss
3
Åfjord
TRØNDELAG
Sparbu
Straumen
Røra
Mosvik
Verdalsøra
Bjugn
Råkvåg
YTTERØYA
5
Levanger
Brekstad
Leksvik
Ekne
Hasselvika
2
Markabygda
Vigtil
Åsen
1
Alstad
Rissa
TAUTRA
Steinvikholmen
Vanvikan
Skatval
Selbekken
Rørvik
Stjørdal
Ingdalen
Trondheim
Rye
Flakk
Meråker
Hommelvik
Elvran
E6
Orkanger
Klæbu
Melhus
Fannrem
Ler
Korsvegen
0
30 km

1. Steinvikholmen: Stolze Festung im Trondheimfjord

Die steinerne Ruine der einst mächtigen Burg Steinvikholmen auf einer Insel im Trondheimfjord demonstriert noch heute die Autorität ihres Erbauers, dem letzten norwegischen Erzbischof Olav Engelbrektsson.

Es ist sicherlich kein Zufall, dass die Silhouette der Festungsmauern von Steinvikholmen 2017 die Weihnachtskarte der damaligen norwegischen Premierministerin Erna Solberg zierte. Immerhin gilt Steinvikholmen als Wahrzeichen einer prägenden Epoche der Geschichte Norwegens, in der während der Reformation heftige Machtkämpfe einschneidende gesellschaftliche Veränderungen

Steinvikholmen im Sonnenuntergang

mit sich brachten. Zudem lässt die monumentale Festung mit ihrer charakteristisch nordeuropäischen Form Fotografenherzen höher schlagen, insbesondere wenn am Horizont die Sonne tief steht oder die magischen Nordlichter über Steinvikholmen tanzen.

Der katholische Erzbischof Olav Engelbrektsson ließ die befestigte Burganlage in den Jahren 1525 bis 1532 als sichere Residenz errichten. Der Bischof war zu der Zeit Oberhaupt des Riksrådet (Norwegische Regierung) und von zentraler Bedeutung im Kampf um die norwegische Krone und die Macht der katholischen Kirche. Viele Wertgegenstände aus dem Trondheimer Nidarosdom, darunter der Sarg des Heiligen Olav, wurden zur Zeit der Reformation in der Burganlage Steinvikholmen in Sicherheit gebracht. Erzbischof Engelbrektsson musste schließlich 1537 aus Norwegen fliehen und

suchte Zuflucht in den Niederlanden, wo er 1538 starb. Daraufhin war seine Residenz dem Verfall preisgegeben, bis man 1894 begann, die Überreste auszugraben und in ihrer heutigen Form zu erhalten bzw. teilweise wieder herzurichten.

Die nahezu quadratische Burg mit ihren zwei diagonal angeordneten Kanonentürmen wurde durch vier Meter breite Mauern geschützt. Ein imposantes und geschichtsträchtiges Bauwerk, das heute in den Sommermonaten besichtigt werden kann. Dann führt eine saisonal verfügbare Fußgängerbrücke vom Ufer des Trondheimfjords auf die Burginsel, wo inmitten dieser authentischen Kulisse glanzvolle Konzerte oder Märkte veranstaltet werden. Ein Verein kümmert sich um die Bewirtschaftung des Areals und bietet direkt gegenüber der Burganlage gegen einen geringen Obolus auch einige einfach ausgestattete Wohnmobil-Stellplätze an, sodass man nach einer abendlichen Fotojagd die Nacht auf historischem Boden verbringen kann.

Hofladen oberhalb von Steinvikholmen

Den Abstecher nach Steinvikholmen sollte man mit einem Besuch im vielgelobten Hofladen Steinvik Gårdsutsalg direkt oberhalb der Parkplatz-Zufahrt verbinden. Dieser ist bekannt für sein hochwertiges Fleisch aus eigener Schlachtung und andere hausgemachte Produkte, die ein authentisches Geschmackserlebnis der Region versprechen.

Eine kurze Fahrt vom Hofladen entfernt gibt es ein weiteres einzigartiges Ziel – das American Diner Restaurant Pick-up Café. Dieses Restaurant, nur etwa zwölf Kilometer nördlich von Steinvikholmen an der Europastraße 6 gelegen, lockt nicht nur mit seinem stilvollen Ambiente und schmackhaften Burgern, sondern auch mit einem privaten Museum, das in einer umfangreichen Sammlung erstaunliche Exponate beherbergt. Ein Besuch in der benachbarten Kerzenfabrik bietet zudem die Gelegenheit, ein besonderes Souvenir aus Wachs mitzunehmen – eine schöne Erinnerung an einen Tag in der Region um Steinvikholmen.

INFO

Lage: Die Burganlage Steinvikholmen liegt nordöstlich von Trondheim auf einer Insel im Åsenfjord, einem Seitenarm des Trondheimsfjords.

Besichtigungen: Tägliche Besichtigungen in der Saison von Anfang Juli bis Mitte August möglich; *fortidsminneforeningen.no/museum/steinvikholm-slott*

Einkehren:

- Steinvik Gårdsutsalg: Hofladen mit regionalen Köstlichkeiten; GPS: 63.539000, 10.806831, *facebook.com/people/Steinvik-Gårdsutsalg*
- Vuddu Valley mit Pick-up Café, Museum und Kerzenfabrik: *vudduvalley.no*

Übernachten:

- Einige Wohnmobil-Stellplätze mit einfacher Toilette und Wasserversorgung auf dem Parkplatz vor der Burganlage gegen eine geringe Gebühr (Bargeld), GPS: 63.540947, 10.813210

2. Klosterinsel Tautra: Meditation, Nonnen und Seifen

Die Region um den Trondheimfjord galt im Mittelalter als prominenter Pilgerort und war viele Jahrhunderte ein bedeutsames Machtzentrum Nordeuropas, sodass man hier zahlreiche historische wie auch religiöse Relikte aus dieser Zeit entdecken kann – so wie die Klosterruine von Tautra.

Die Klosterinsel Tautra liegt abgeschieden, fast etwas versteckt im Schatten der Halbinsel Frosta im Trondheimfjord – eventuell ein Grund dafür, dass hier bereits im Jahr 1207 der Zisterzienser-Orden ein Kloster errichtet hat. Dessen Überreste kann man heute, neben vielen anderen interessanten Dingen, auf einem Abstecher in diese spirituelle Umgebung besichtigen. Dazu verlässt man die Europastraße 6 und folgt zunächst der Straße Frostavegen (Fv753) über die Halbinsel Frosta.

Was für ein Zufall, dass sich ein deutscher Tiefkühlkost-Hersteller ausgerechnet „Frosta" nennt – gilt doch die norwegische Halbinsel Frosta aufgrund ihres besonderen Mikroklimas tatsächlich als der Gemüsegarten Norwegens. Und so stößt man während der Fahrt

Am Strand der Insel Tautra

durch die Kommune Frosta unweigerlich auf einen der vielen Hofläden oder Gemüsestände am Straßenrand, die lokale landwirtschaftliche Erzeugnisse von absoluter Frische und bester Qualität offerieren. Eine gute Gelegenheit, um köstliche norwegische Produkte zu erwerben oder direkt vor Ort zu genießen: In der kleinen Bäckerei Arntzen Bakeri sollte man eine Pause einplanen und unbedingt die köstlichen Zimtschnecken probieren.

Damm nach Tautra

Hofverkauf Frosta

Im weiteren Streckenverlauf erreicht man den Damm Tautrabrua, der seit 1979 auf spektakuläre Weise die Klosterinsel Tautra mit Frosta verbindet. Ein Tor auf dieser einzigen Verbindung zum Festland soll übrigens verhindern, dass sich Wildtiere auf der Insel ansiedeln und das überaus reiche Vogelleben von Tautra stören. Dementsprechend markiert auch ein Turm für die Vogelbeobachtung das ausgewiesene Vogelschutzgebiet im Südwesten des Eilandes. Oberhalb davon liegt das neu errichtete, 2006 eingeweihte Tautra Marienkloster.

In dem architektonisch preisgekrönten Gebäude aus Schiefer und Birkenholz leben und beten stark zurückgezogen um die 14 Nonnen des Trappistinnen-Ordens. Ihre Klosterkirche steht Besuchern rund um die Uhr offen und zu festen Zeiten kann man die Nonnen in ihren täglichen Gebeten begleiten. Ihren Lebensunterhalt bestreiten die Zisterzienserinnen hauptsächlich durch die Herstellung von zunehmend beliebten Kräutersalben und Seifen mit natürlichen Ingredienzen. In dem kleinen Klosterladen kann man all diese Pro-

Kloster auf Tautra

Boutique vom Klostergården

dukte erwerben und auch mehr über das Kloster erfahren, in das man sich übrigens auch für eine längere Auszeit zurückziehen kann: „Zeit für Ruhe allein statt für geselliges Leben“ offerieren die Nonnen den längeren Aufenthalt bei ihnen. Ein verlockender Gedanke in einem lauten und hektischen Alltag …

Rund zwei Kilometer entfernt vom neuen Marienkloster findet man im Norden der Insel die Mauerreste der einst mächtigen Klosterkirche des mittelalterlichen Tautra-Klosters. In der Ruine finden heute gelegentlich Mitternachtsmessen oder stimmungsvolle Konzerte statt, so auch zum Mittelnorwegischen Gospelfestival, das regelmäßig auf Tautra veranstaltet wird. Ein Rundgang über das frei zugängliche Areal lässt die wechselhafte Geschichte der Region um den Trondheimfjord erahnen.

Unmittelbar neben den Ruinen kann man in den historischen Gebäuden des Klostergården aus dem 17. Jahrhundert übernachten, einkehren und im liebevoll eingerichteten Hofladen lokal produzierte, traditionelle Erzeugnisse oder das auf dem Hof gebraute Bier kaufen. Dabei hat man die Wahl zwischen rund 20 Biersorten, die allesamt mit viel Liebe, auf herkömmliche Weise und mit rein norwegischen Ausgangsstoffen auf dem Hof Klostergården hergestellt werden.

Teil der Klosterruine von Tautra

Wer sich hingegen aktiv betätigen möchte, kann einige Spaziergänge an der Küstenlinie unternehmen oder sich ein SUP-Board vom Anbieter Trondheim-Kajak ausleihen, um die Insel von der Wasserseite aus zu erkunden.

INFO

Lage: Die Insel Tautra liegt im Trondheimfjord, rund eine Fahrstunde nördlich von Trondheim. Eine über zwei Kilometer lange Dammbrücke verbindet sie mit dem Festland.

Einkehren:

- Im Klostergården kann man zu Mittag und zu Abend essen oder am Nachmittag einen Kaffee genießen; Klostergårdsvegen 90, 7633 Frosta, GPS: 63.583845, 10.623673

Übernachten:

- Himmlisch nächtigen im historischen Klostergården; *klostergardentautra.no*
- Øra Bobilcamping: bietet auf der Halbinsel Frosta direkt am Fjord rund 40 Wohnmobil-Stellplätze mit Strom sowie Ver- und Entsorgungsmöglichkeiten an; Fv67 70, 7633 Frosta, GPS: 63.557064, 10.652990

Website: *tautra.org*

3. „Den Gyldne Omvei": Wenn der Umweg zum Ziel wird

Abseits der ausgetretenen Pfade, fernab vom pulsierenden Verkehr auf der Europastraße 6, bietet der „Goldene Umweg" bei Røra eine erlebnisreiche und wahrlich genussvolle Alternative für die Reise in den Norden oder Süden Norwegens.

Die Einheimischen sagen: „Es dauert zwölf Minuten, um die Europastraße 6 zwischen Røra und Vist zu fahren. Auf dem Goldenen Umweg benötigt man acht Minuten länger … oder einen Tag, eine Woche, einen ganzen Sommer, vielleicht ein ganzes Leben …". Verheißungsvolle Worte, und so sollte man in Røra oder Vist den Blinker setzen und der ausgewiesenen Nebenstrecke über den sogenannten Goldenen Umweg folgen. Auf diese Weise lässt es sich eintauchen in ein ländliches Idyll voller Tradition, gepflegtem Brauchtum und landschaftlicher Schönheit.

Blick über die Region am Goldenen Umweg

Aus südlicher Richtung kommend, erreicht man zunächst Straumen, das Verwaltungszentrum der Kommune Inderøy am Trondheimfjord. Ein hübscher, gepflegter Ort, der 2020 den Titel „Norwegens attraktivste Stadt" erhielt und zu einem Bummel durch die Straßen einlädt. Gut erhaltene historische Gebäude harmonieren im Areal um den Hafen auf angenehme Weise mit architektonisch ansprechenden Neubauten. In der Touristeninformation erfährt man mehr über die gesamte Region und den Goldenen Umweg. Dieser wurde 1998 von regionalen Anbietern initiiert und verbindet heute 21 traditionelle Handwerksbetriebe, Hofläden, Galerien, eine Destillerie, eine Brauerei sowie Museen inmitten einer ansprechenden Kulturlandschaft.

Folgt man der empfohlenen Route aus südlicher Richtung entgegen dem Uhrzeigersinn, erreicht man zuerst Verdal Østre, einen historischen Hof mit Bäckerei, Café und Brauerei. Im Inneren des gelben Holzhaus Gulburet duftet es nach frisch gebackenem Brot und traditionellen norwegischen Lefse, von der Bäuerin Liv Elin Olsen mit lokalen Zutaten und viel Liebe zubereitet. Diese dünnen Fladenbrote kann man an Sommertagen, ebenso wie hausgemachten Kuchen und frisch gebrühten Kaffee, im idyllischen Garten des Anwesens genießen.

Der Goldene Umweg steht für lokalen Genuss

Als nächstes Ziel auf dem Goldenen Umweg erwartet die Käserei Gangstad Gårdsysteri die Besucher mit besonderen regionalen Delikatessen. Seit 1913 in Familienbesitz, wird der Hof heute von Astrid Aasen in dritter Generation geführt. Sie ist besonders stolz auf ihre vielfach ausgezeichneten Käsesorten, darunter den Blauschimmelkäse, welcher 2023 den Weltmeistertitel errang – ein Muss für jeden Besucher. Ebenso köstlich und empfehlenswert ist das berühmte Elch-Eis, das allerdings aus Preiselbeeren und Fichtennadelsprossen hergestellt wird.

Ein weiteres Highlight auf dem Goldenen Umweg ist der Hof Berg Gård, bekannt für seine private Aquavit-Brennerei, die von Svein Berfjord geführt wird. Während einer Verkostung erfährt man mehr über die Produktion von Aquavit: Er muss aus Kartoffeln gebrannt sein und darf einen Alkoholgehalt von 37,5 bis maximal

Svein Berfjord mit seinem Aquavit

60 Prozent haben. Inspiriert von der reichen Brennerei-Geschichte in Trøndelag, begannen Svein Berfjord und seine Frau 2015 mit der Herstellung von Aquavit. Heute reifen in dunklen Sherryfässern preisgekrönte Aquavitsorten, geprägt von lokalen Zutaten und feinen Aromen wie Löwenzahn, Engelwurz, Fichtensprossen oder Fenchel.

Nur wenige Fahrminuten von der Brennerei entfernt liegt der historische Hafen Kjerknesvågen. Er ist ein beliebter Anlaufpunkt für Reisende mit Booten oder auch Wohnmobilen, da man auf Stellplätzen im Hafen übernachten kann. Auf der Mole sticht das antike Leuchtfeuer hervor, neben dem die hier ankernde historische Segeljacht „Jekta Pauline" fast modern wirkt.

Nach einer Übernachtung im Hafen setzt sich die Entdeckungsreise fort zur Mikrobrauerei Kvam Østre, die für ihre zahlreichen, teils exotischen Biersorten bekannt ist. Wo sonst in Norwegen erhält man ein lokal gebrautes Kölsch ...?

Im Anschluss rundet ein Abstecher zur alten Kirche von Sakshaug, einem Monument der langen Besiedlung dieser Region, und ein Besuch im benachbarten Heimatmuseum die Fahrt über den Goldenen Umweg ab. Wer mag, kann und wird hier noch viele weitere spannende und interessante Orte sowie Geschichten entdecken, sodass aus einem kurzen Umweg vielleicht doch ein längerer Aufenthalt wird ...

Historischer Hafen Kjerknesvågen

INFO

Lage: Der Goldene Umweg (norwegisch „Den Gyldne Omvei") ist eine Nebenstrecke westlich der Europastraße 6 zwischen Røra und Sørlia.

Einkehren und Hofläden:

- Gangstad Gårdsysteri: begeistert mit selbst hergestellten Käse- und Eissorten; Nessetvegen 11, 7670 Inderøy, GPS: 63.959792, 11.337701, *ysteri.no*
- Hof Berg Gård Aquavit Brennerei und Hofladen: mit Köstlichem aus der Region; Kjelvikvegen 71, 7670 Inderøy, GPS: 63.901865, 11.176841, *berg-gaard.no*
- Gulburet Hofladen und Café: verführt mit frisch gebackenen Brot, hausgebackenem Kuchen und anderen Köstlichkeiten; Sandvollanvegen 391, 7670 Inderøy, GPS: 63.905712, 11.307549, *gulburet.no*

Übernachten:

- Inderøy Bobilcamp: bietet Wohnmobil-Stellplätze mit Stromanschluss. Für NORTRIP* Mitglieder ist die Übernachtung kostenlos; Øynavegen 60, Inderøy, Inderøy GPS: 63.878598, 11.269781, *visitnorway.no/listings/inderøy-bobilcamp/237427/*
- Hotel Øyna: im architektonisch ansprechenden Hotel werden Zimmer in verschiedenen Preisklassen angeboten; Øynavegen 60, 7670 Inderøy, *oyna.no*
- Husfrua Gårdshotel: im charmanten Bauernhaus kann man im historischen Ambiente übernachten; Sakshaugvegen 44A, 7670 Inderøy, *husfrua.no*

Websites und weitere Informationen:

- *dgo.no*
- Inderøy Touristeninformation (nur im Sommer): Meieribakken 4, 7670 Inderøy, GPS: 63.872023, 11.296477

*NORTRIP: Mit dem Kauf einer Jahresvignette erhält man die Möglichkeit besondere Stellplätze (Höfe, Museen, Gaststätten etc.) dieser Vereinigung kostenlos zu nutzen. Mehr Informationen: QR-Code

4. Oftenåsen: Der grösste Liegestuhl der Welt

Das gut ausgebaute Wandergebiet um den Stadtberg von Steinkjer bietet die ideale Kulisse für eine ausgedehnte Pause und Abwechslung nach einer längeren Fahrt auf der Europastraße 6 – zumal auf dem Gipfel des Oftenåsen der größte Liegestuhl der Welt steht.

Die Norweger lieben nicht nur Abstimmungen und Hitparaden jedweder Form. Nein, sie sind zudem buchstäblich verrückt nach Superlativen jeder Art und sichtlich stolz, wenn sich ein Ort oder Platz ihrer Heimat damit schmücken darf. So ist es auch in Steinkjer, einer mittelgroßen Stadt an den Ausläufern des Beidstadfjords, wo

Ausblick vom Oftenåsen auf Steinkjer

man seit 2013 den größten Liegestuhl bzw. Gartensessel der Welt präsentieren kann. In einer Höhe von 336 Metern über dem Meeresspiegel ziert seither der monströse 4,75 Meter hohe und 2,5 Tonnen schwere Holzstuhl den Gipfel des Stadtberges Oftenåsen.

Der Stuhl der Superlative wurde von regionalen Sponsoren errichtet, die damit wiederum das frühere Engagement zweier Einwohner für dieses beliebte Ausflugsgebiet würdigen möchten. Seither ist Steinkjer um eine Attraktion reicher und das Wandergebiet um den Oftenåsen wird zunehmend populärer – inzwischen auch bei ausländischen Touristen, die ein Selfie auf dem Stuhl als Andenken mitnehmen möchten.

Von verschiedenen Parkplätzen am Fuß des Berges führen gleich drei Wanderwege unterschiedlicher Schwierigkeitsgrade zum Gipfel. Die beiden gebräuchlichsten Routen mit den Bezeichnungen Tranaleia und Ainnervein beginnen am Parkplatz neben der ehemaligen Mine Skotvoldgruva im Südosten von Steinkjer. Dabei ist der Aufstieg über Tranaleia etwas steiler, aber dennoch bei norwegischen Familien besonders beliebt, denn im Verlauf dieser Wegstrecke sorgen immer wieder hölzerne Märchen- und Fabelwesen

Briefkasten für Weihnachtswünsche (Tranaleia)

für unterhaltsame Abwechslung. Auf diese Weise vergeht der Weg bis zum Gipfel auch für die jüngsten Wanderer im Nu. Für den Rückweg kann man den Abstieg über Ainnervein wählen und den Ausflug so zu einer erlebnisreichen Rundwanderung kombinieren.

Doch zunächst gibt es auf dem Gipfel des Oftenåsen einiges zu entdecken: Neben dem bereits erwähnten hölzernen Megastuhl lädt die Touristenhütte Peilehytta in den Sommermonaten täglich und ansonsten jeden Sonntag auf einige Erfrischungen ein. Freiwillige aus dem Ortsverein servieren hier unter anderem frisch gebackene Waffeln zu einem leckeren Kaffee oder verschiedenen Erfrischungsgetränken. Die fantastische Aussicht über die Stadt bis zum Beitstadfjord, das Tal Ogndalen und nach Süden in Richtung des Sees Leksdalsvatnet mit dem Gipfel des Hermannssnasa im Hintergrund gibt es quasi als Bonus dazu.

Auf dem nördlichen Teil des Gipfels, nur rund 200 Meter entfernt, steht bis heute ein hölzerner Funkturm. Hier fällt der Berghang besonders steil ab und bietet einen offenen, noch besseren Ausblick in nördlicher Richtung. Perfekte Voraussetzungen für Gleitschirmflieger, deren kunstvolle Manöver am Himmel ein zusätzliches Spektakel versprechen.

Das perfekt angelegte Wegenetz lädt zu Entdeckungen um den Oftenåsen ein

Fred Feuerstein auf dem Gipfel des Oftenåsen

INFO

Lage: Der Oftenåsen liegt etwa vier Kilometer südöstlich des Zentrums von Steinkjer an den Ausläufern des Trondheimfjords.

Wanderung:

- Ausgangspunkt: Parkplatz, GPS: 64.0044966, 11.5324083
- Länge: vier Kilometer komplett; Anstieg: etwa 300 Höhenmeter; Dauer: ein bis zwei Stunden (gesamte Wegstrecke). Die beste Zeit für diese Wanderung ist Anfang Mai bis Oktober. Bitte saisonal abhängige Öffnungszeiten der Peilehytta auf dem Berg berücksichtigen!

Website: Übersichtskarte und GPX Daten über QR Code auf *Nordlandblog.de*

5. Indre Fosen: Geschichte(n) am Trondheimfjord

Um den Trondheimfjord ist die reiche Historie Norwegens omnipräsent, scheint jeder Stein und jeder Balken Geschichte(n) von Wikingern, Bischöfen und Königen erzählen zu können. So auch in Indre Fosen, einer Kommune auf der bislang bei Touristen weniger bekannten Nordseite des Fjords.

Im Schatten der Popularität von Trondheim und fernab der schnellen Verkehrsverbindungen in den Norden Norwegens liegt die Kommune Indre Fosen tatsächlich ziemlich abgeschieden auf der Halbinsel Fosen am Nordufer des Trondheimfjords. Die hauptsächlich ländlich geprägte Region wurde bereits in früheren Epochen als Siedlungsort geschätzt, denn die fischreichen Gewässer vor der Küste und die fruchtbaren Äcker in der eher sanften Landschaft boten perfekte Bedingungen und versprachen ein gutes Auskommen. Viele, ganz unterschiedliche Relikte dieser Zeit sind gut erhalten und ermöglichen bis heute spannende Einblicke in die Kultur und Geschichte der Region.

Bereits nach der kurzen Fährpassage von Flakk (unweit von Trondheim auf der Südseite des Fjords) nach Rørvik erreicht man nur wenige Fahrminuten später einige Felsritzungen aus der jüngeren Steinzeit. Die meisten der auffallend realistischen Ritzungen an der nahezu senkrechten Felswand sollen Elche darstellen und wahrscheinlich einen rituellen Hintergrund besitzen. Eine Infotafel an dem kleinen Parkplatz neben dem Hof Stykket vermittelt darüber hinaus weitere Hintergrundinformationen.

In fast fußläufiger Entfernung, im Dorf Stadsbygd, befindet sich das Museum für Küstenkultur „Museet kystens arv". In den Ausstellungen und Vorführungen liegt der Schwerpunkt auf der überlieferten Kunst des Bootsbaus, der in dieser Region schon immer tief verwurzelt war. In einer kleinen Werft werden die traditionellen Holzboote nach wie vor auf handwerkliche Weise hergestellt und zugleich nachfolgende Generationen in dieser Handwerkskunst unterrichtet, um dieses Wissen zu erhalten und zu schützen. Es ist beeindruckend, den erfahrenen Bootsbauern bei ihrer Arbeit zuzuschauen oder sich selbst in verschiedenen Techniken der Holzbearbeitung zu versuchen.

Im Museum für Küstenkultur

Zwischen den Holzhäusern des Museums, direkt am Ufer des Fjordes gelegen, kann man überdies vieles mehr über das Leben an der Küste erfahren und auf der Außenterrasse des Restaurants die ein oder andere regionale Köstlichkeit genießen. In den Sommermonaten wird auf der Naturbühne des Museumsareals alljährlich das Theaterstück „Der letzte Wikinger“ aufgeführt – ein unvergessliches Erlebnis inmitten dieser authentischen Freiluftkulisse, zumal der populäre Autor Johan Bojer aus Fosen stammt und die Inszenierung seines Romans gleichermaßen dramatisch und rührend ist.

Blick in die Bootswerft des Museums

Im benachbarten Rissa befinden sich die ebenso spirituell wie historisch bedeutsamen Ruinen des Klosters Reins. In der Ära der Wikinger gab es hier zugleich einen Königshof und viele nordeuropäische Monarchen können ihre Ahnen bis hierher zurückverfolgen. Im 13. Jahrhundert wurde ein Nonnenkloster begründet und in den folgenden drei Jahrhunderten prägte das Kloster die Entwicklung der Region nachhaltig. Heute kann man sich zwischen den Ruinen umschauen, sich im Heimatmuseum des benachbarten Bauernho-

Kloster Reins in Indre Fosen

Stabkirche Hindrem

fes über die wechselhafte Geschichte informieren oder eine der vielfältigen Ausstellungen besuchen.

Folgt man der grandiosen Küstenstraße hingegen in entgegengesetzter Richtung, erreicht man rund 20 Kilometer östlich vom Fähranleger Rørvik die Stabkirche Hindrem. Das kleine hölzerne Gotteshaus ist eine 2012 errichtete Kopie der Haltdalen-Stabkirche aus dem 12. Jahrhundert, die sich im Volksmuseum von Trøndelag befindet. Ein lokaler Verein hatte sich dafür stark gemacht, dass an dem religiös bedeutsamen Ort Hindrem wieder eine Kirche errichtet wird, nachdem die frühere Pfarrkirche 1897 abgerissen wurde. Sowohl die Kirche als auch die Klosterruinen und das Museum der Küstenkultur sind zugleich bedeutsame Meilensteine auf dem Pilgerweg von Egersund nach Trondheim. Dieser führt über eine Distanz von über 1000 Kilometern an der westnorwegischen Küste entlang und endet am Nidarosdom in Trondheim.

Im Norden von Indre Fosen locken hingegen weltliche Attraktionen und zugleich ein wundervolles Fotomotiv die Besucher. Denn dort liegt an den Ausläufern des Stjørnfjords eines der schönsten Fischerdörfer der Provinz Trøndelag: Råkvåg mit vielen bunten Holzhäusern und der gut erhaltenen Kaianlage im geschützten Hafen. Ein traumhaftes Panorama, aber auch, besonders im Sommer, ein anziehender Ort mit Galerien, Ausstellungen, Restaurants und vielen Aktivitäten sowie wechselnden kulturellen Angeboten.

Skyline von Råkvåg

INFO

Lage: Indre Fosen befindet sich nördlich von Trondheim am Nordufer des Trondheimfjord.

Einkehren/Lokale Spezialitäten:

- Hofladen Hindrum Gårdsysteri: hier gibt es Weltklasse-Käse. Die Sorte „Aksnes IPA-Jack" erhielt 2023 eine Silbermedaille; Hindremsvegen 84, 7125 Vanvikan, GPS: 63.589777, 10.415450, *facebook.com/hindrumysteri*
- Auf verschiedenen Almen des Leksvik Almenverein erhält man in den Sommermonaten authentische Einblicke in die traditionelle Bewirtschaftung und kann selbst gemachte Köstlichkeiten probieren; *seterbygda.no*

Übernachten:

- Hindrum Fjordcenter: bietet Ferienhäuser, Stellplätze für Wohnmobile sowie Zeltplätze in der Nähe der Stabkirche an. Vor Ort kann man sich Fahrräder und Boote zum Angeln ausleihen; Drakestranda 1300, 7125 Vanvikan, *hindrumfjordsenter.no*
- Rødberg Bobilcamp: Wohnmobilstellplätze und sanitäre Einrichtungen unweit vom Museum, direkt am Trondheimfjord; Rødbergsveien 134, 7105 Stadsbygd, GPS: 63.487346, 9.988663

Websites:

- *indrefosen.kommune.no*
- Fähre von Flakk nach Rørvik: *torghatten-midt.no/flakk-rorvik*

Nördliches Trøndelag

Skyline von Namsos am Hafen

Nördliches Trøndelag

6. Stokkøya: Dolce Vita in Trøndelag
7. Vettan-Treppe: 951 Treppenstufen über dem Meer
8. Abelvær: Einsames Fischerdorf im Polarmeer
9. Vikna: 6000 Inseln und ein geniales Museum
10. Insel Leka: Geologisches Wunderland

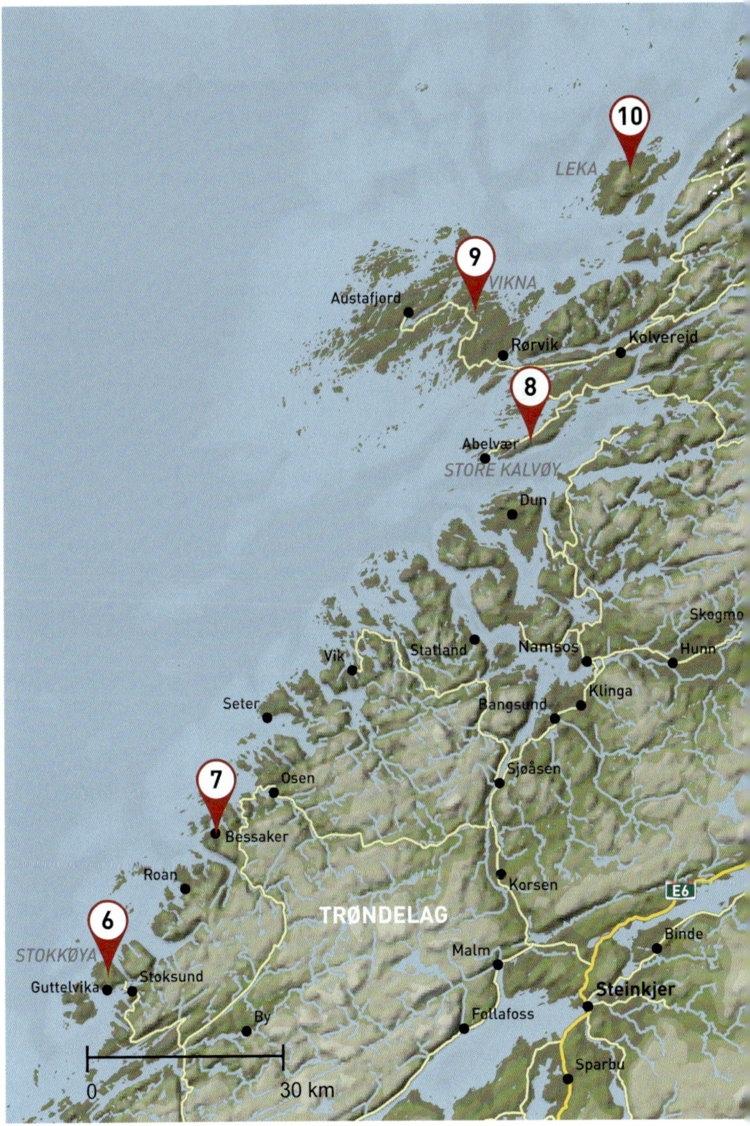
10
LEKA
9
VIKNA
Austafjord
Rørvik
Kolvereid
8
Abelvær
STORE KALVØY
Dun
Skogmo
Statland
Namsos
Hunn
Vik
Klinga
Seter
Bangsund
Sjøåsen
7
Osen
Bessaker
Roan
Korsen
E6
TRØNDELAG
6
Binde
STOKKØYA
Malm
Guttelvika
Stoksund
Steinkjer
By
Follafoss
Sparbu
0
30 km

6. STOKKØYA: DOLCE VITA IN TRØNDELAG

Selbst die altehrwürdige britische Wochenzeitung „The Telegraph" hat Stokkøya im Norden von Trøndelag 2018 zu einem der schönsten Sommerplätze Skandinaviens gekürt und dennoch ist die Insel mit dem mediterran anmutenden Sandstrand Hosnasand bislang hauptsächlich ein Ausflugsziel der Einheimischen.

Abendspaziergang am Hosnasand Strand

Insbesondere die Einwohner von Trondheim schätzen einen Besuch auf der Insel Stokkøya und ihrer kleinen Schwester Linesøya als willkommenen Ausgleich zum urbanen Alltag. Der 400 Meter lange Sandstrand Hosnasand gilt unumstritten als schönster Strand der Provinz und verspricht erholsame Stunden mit fast südländischem Flair. Die Offerten der regionalen Anbieter sowie die vorhandenen Gegebenheiten ermöglichen dabei eine individuelle und nahezu perfekte Kombination aus sportlichen Aktivitäten und einem genussvollen Aufenthalt an der nordnorwegischen Küste. Dolce Vita auf Norwegisch …

Direkt am Strand Hosnasand werden in der mehrfach preisgekrönten „Strandbaren" wahre Geschmackserlebnisse kredenzt. Die täglich wechselnde Speisekarte der maritimen Strandbar basiert auf lokalen Produkten, die von den Bauern und Fischern der Umgebung stets frisch geliefert werden. Die talentierte Crew der

Strandbaren zaubert daraus kreativ und mit viel Liebe unglaubliche Köstlichkeiten, von Lachs Sashimi über marinierte Jakobsmuscheln bis hin zu Tangsalat mit Radieschen. Das Bier dazu kommt aus der kleinen Stokkøy Brauerei und selbst die dargebotenen Spirituosen werden von einer Destillerie auf der waldreichen Insel lokal produziert. Während man einen perfekten Tag am Meer in diesem Ambiente exzellent ausklingen lässt, geht der eigentlich unbezahlbare Blick durch die großen Glasfenster oder von der Terrasse auf die Meeresbrandung quasi aufs Haus.

In den architektonisch außergewöhnlichen Zimmern des benachbarten Strandhotels kann man anschließend die Nacht verbringen. Die Zimmer sind in Anlehnung an die früheren unterirdischen Keller in eine Sandbank gebaut, dadurch von der Landseite nicht zu sehen und so auf natürliche Weise gut klimatisiert. Alternativ sind Übernachtungen auf dem Hotelareal in einem Glamping-Zelt bzw. auf einem der drei Stellplätze im eigenen Wohnmobil möglich.

Delikatessen und eine unbezahlbare Lage bietet die Strandbaren

Im fußläufig entfernten Hafen werden in der Bäckerei Stokkøy Bakeri die – nach eigener Aussage – leckersten Zimtknoten der Region angeboten. Viele positive Rezensionen der Besucher bestätigen diese Aussage und sind daher eine klare Empfehlung, die köstlichen Teilchen in der ansprechenden Atmosphäre einmal selbst zu probieren.

Die Linesøybrua verbindet die Inseln

Stokkøya ist seit dem Jahr 2000 vom Festland ganz bequem über die 525 Meter lange Stokkøybrua zu erreichen. Bei gutem Wetter unterqueren in den Sommermonaten die Postschiffe der legendären Hurtigruten auf ihrer Fahrt durch den schmalen Stokksund zweimal täglich diese Brücke. Ein sehenswertes Schauspiel, zumal auf dieser engen Passage das Signalhorn betätigt werden muss, um entgegenkommende Schiffe zu warnen. Im weiteren Verlauf folgt die spektakuläre Streckenführung der Fv34 der Küstenlinie von Stokkøya, bevor man über die erst 2011 errichtete Linesøybrua die gleichnamige Insel Linesøya erreicht – ein echtes Mekka für Radfahrer, die sehr gern auf der wenig befahrenen Straße die Insel umrunden. Das Meer und die Küstenlinie sind dabei stete Begleiter und machen diese Radtour zu einem unvergesslichen Erlebnis. Fahrräder für jeden Anspruch kann man sich, ebenso wie Kajaks oder Angelequipment, bei Lines Kystferie ausleihen. Der liebevoll geführte Betrieb gehört einer belgischen Auswanderer-Familie, die für alle Besucher der Insel ein reichhaltiges Angebot sowie gute Tipps bereithält.

Outdoor-Enthusiasten kommen bei der recht einfachen Wanderung zum 188 Meter hohen Vassheia auf ihre Kosten. Immerhin bietet sich am Endpunkt dieser kurzen Strecke, die direkt am Strand Hosnasand beginnt, ein fantastischer Blick über die gesamte Bucht – traumhafte Sonnenuntergänge am Horizont eingeschlossen.

Wer hingegen lieber in den Berg möchte, hat dazu in der Harbakhula im benachbarten Harbaksfjellet Gelegenheit. 130 Meter lang und bis zu 40 Meter hoch ist die imposante Grotte, deren Eingang man nach einem rund zwanzigminütigen, teils steilen Aufstieg erreicht. Um diese magisch anmutende Welt komplett erkunden zu können, sollte man in jedem Fall eine Taschenlampe mitnehmen.

Am Strand lassen sich unter anderem Kajaks leihen

INFO

Lage: Stokkøya befindet sich etwa 100 Kilometer nördlich von Trondheim an der Küste in der Provinz Trøndelag.

Ausgangspunkt der Wanderung:

- Harbakhula, GPS: 64.080765, 10.045340

Einkehren:

- Strandbaren: Strandbar mit kulinarischen Highlights aus der Region; GPS: 64.053902, 9.9505564

Übernachten:

- Stokkøya Strandhotell: Das Standhotel direkt am Hosnasand bietet neben Hotelzimmern auch Stellplätze für Wohnmobile und Übernachtung in Glampingzelten an; Troningveien 9, 7178 Stokkøy, *stokkoy.no*
- Stoksund Seapark: vermietet Hütten und offeriert weitere Wohnmobil-Stellplätze; Asvikveien 24, 7177 Revsnes, *stoksundseapark.no*

7. VETTAN-TREPPE: 951 TREPPENSTUFEN ÜBER DEM MEER

Laut der Überreste auf dem Gipfel des Vettan wussten bereits die Wikinger den freien Blick zu schätzen und auch zu nutzen, denn offensichtlich diente der weithin sichtbare Berg an der Küste von Trøndelag in vergangenen Zeiten als bedeutender Signalposten.

Knapp 1000 Stufen führen auf den Vettan

Fünf Minuten Fahrzeit trennen das kleine Küstendorf Bessaker von der Hauptverkehrsstraße Fv715. Bislang wurde dieser Abzweig hauptsächlich von den Einheimischen und einigen Angeltouristen genutzt, die schon immer die herausragenden Bedingungen mit zahlreichen vorgelagerten Inseln und Bänken in den fischreichen Gewässern zu schätzen wussten. Doch 2022 markierte für Bessaker mit der Eröffnung einer hölzernen Treppe auf den Vettan (145 Meter über dem Meeresspiegel) eine neue Ära. Ein lokaler Verein hatte sich für die „Vettantrappa" engagiert und über Monate hinweg Geld für dieses Projekt gesammelt. Unter anderem konnten Sponsoren aus dem In- und Ausland Patenschaften für einzelne Stufen übernehmen und sich so dauerhaft verewigen, bis das ehrgeizige Projekt schließlich realisiert wurde.

Seither nutzen durchschnittlich 100 Besucher täglich diese attraktive Wandermöglichkeit und Bessaker entwickelt sich allmählich zu einem populären Ausflugsziel. Kein Wunder, denn Treppen jedweder Bauart auf die verschiedensten Gipfel erfreuen sich zunehmend steigender Beliebtheit in Norwegen, da sich auf diese Weise mit gering(er)en Anstrengungen tolle Aussichtspunkte erreichen lassen. So auch in Bessaker: Direkt am Parkplatz neben dem Lebensmittelladen beginnt die „Vettantrappa“. Entlang des ein Kilometer langen Aufstiegs laden Bänke zur Rast ein, während Schautafeln über die historische Bedeutung verschiedener Plätze informieren. Oben angekommen, belohnt ein beeindruckendes 360-Grad-Panorama der nördlichen Trøndelag-Küste die Anstrengung des Aufstiegs. Besonders reizvoll ist diese Aussicht in den Abendstunden, wenn die Sonne am Horizont im Meer versinkt.

Pause auf dem Weg nach oben

Auf dem Vettan erregen neben der Varde aus der Wikingerzeit zwangsläufig einige Fundamente und Mauerreste die Aufmerksamkeit der Besucher. Es handelt sich dabei um die Überreste eines militärischen Spähpostens während der deutschen Besatzung Norwegens im Zweiten Weltkrieg.

Relikte längst vergangener Tage auf dem Vettan

Nach dem Abstieg vom Vettan schmecken die Zimtschnecken und ein frisch gebrühter Kaffee aus dem kleinen Laden Matkroken besonders gut, vor allem, wenn man diesen Imbiss auf den einladenden Plätzen im Hafen genießen kann. Einmal im Jahr tobt hier allerdings das Leben: Am dritten Juliwochenende findet in Bessaker alljährlich das große Fischfestival statt – ein beliebtes Event mit Konzerten, Angel-Wettbewerben und vielen anderen Aktivitäten sowie Angeboten rund um die Fischerei.

Wer es etwas ruhiger mag, findet hingegen noch einige weitere markierte Wanderrouten in unmittelbarer Umgebung, die fast durchweg einfach zu gehen und somit besonders für Familien mit Kindern attraktiv sind. So wie zum Beispiel die Wanderung zur Hütte „Møllestua" auf dem höchsten Punkt des Bessakerfjellet. Die „Møllestua" steht allen Besuchern offen, um während einer ausgiebigen Pause wettergeschützt den Blick auf das Meer genießen zu können.

Der Hafen von Bessaker lädt auf ein Picknick ein

INFO

Lage: Bessaker ist ein Küstenfischerdorf in der Provinz Trøndelag, etwa 100 Kilometer von Steinkjer entfernt.

Ausgangspunkt der Wanderung:

- Parkplatz neben dem Lebensmittelladen Matkroken, GPS: 64.247424, 10.319584. Die beste Zeit für diese Wanderung ist von Anfang Mai bis Oktober.

Übernachten:

- Bessaker Liv og Røre: bietet Apartments, Ferienwohnungen und Ferienhäuser direkt am Wasser sowie Boote und Angelausrüstungen zur Vermietung an, deutschsprachige Website; Bessakersjøveien 22, 7190 Bessaker, *bessaker.com*

Website: *www.afjord.no/oppleve*

8. Abelvær: Einsames Fischerdorf im Polarmeer

Die Holzhäuser des Fischerdorfes Abelvær verteilen sich über die entlegene Insel Store Kalvøy, die wie eine verborgene Perle im Nordeuropäischen Polarmeer liegt und imposante Entdeckungen jenseits bekannter Wege verspricht.

Abelvær Gård an einem Wintertag

Die Historie von Abelvær reicht bis weit in die Zeit vor 1600 zurück und ist bis heute eng mit der Geschichte der Familie Brandtzæg verbunden, die den prachtvollen Hof Abelvær Gård mittlerweile in der sechsten Generation führt. Der Hof mit dem stolzen Herrenhaus war ursprünglich ein bedeutender Handelsposten mit einer Schanklizenz für Durchreisende und schon immer ein bedeutsamer Ort für die Einwohner von Abelvær. Noch heute empfangen Randi Sudbø Brandtzæg und Birger Brandtzæg in den historisch anmutenden Räumen Übernachtungsgäste und Besucher, die sich die Köstlichkeiten der lokalen Küche in den urigen Gasträumen schmecken lassen.

Während der Sommersaison öffnet im neuen Jachthafen von Abelvær das Café „Naustkafé", auf dessen Terrasse man einen Imbiss einnehmen oder das Angebot des Tages probieren kann. Für eine

Übernachtung im Wohnmobil werden gleich neben dem kleinen Café einige Stellplätze in exponierter Lage angeboten. Weit entfernt von den pulsierenden Touristenströmen in Richtung Nordnorwegen teilt man sich diese Plätze am Meer selbst in der Hauptsaison bislang hauptsächlich mit einigen ortskundigen Norwegern.

Ähnlich ist es mit den einladenden Sandstränden in den umliegenden, teils versteckten Buchten. Vor dem Damm, über den Abelvær seit einigen Jahren mit dem Auto zu erreichen ist, befindet sich der kostenfreie Parkplatz Aunet, von dem man auf einem kurzen Spaziergang zum Sandstrand in der Kjeksvika gelangt. Dort laden ein Gapahuk (Holzunterstand) und ein Grillplatz zum längeren Verweilen ein. Einige Minuten mehr benötigt man hingegen zum nicht weniger malerischen Strand in der Dalabukta, die ein wahres Südsee-Feeling aufkommen lässt – wären da nicht die typisch norwegischen Temperaturen.

Eine ebenfalls entspannte und für alle Altersklassen geeignete Wanderung führt am südwestlichen Ende von Abelvær auf einem markierten Weg zum Leuchtfeuer am Foldafjord, über den man von diesem Platz eine herrliche Aussicht geboten bekommt. Die Einheimischen nutzen diese kurze Strecke gern in den Abendstunden, um sich fit zu halten.

Kjeksvika und die Bucht Dalabukta vom Meer aus gesehen

Vogelperspektive auf die Inselwelt von Abelvær

TIPP: Wer es noch abgeschiedener mag, sollte sich einen Abstecher auf die südlicher gelegene Insel Jøa vornehmen. Diese ist zwar nur mit einer Fähre zu erreichen, aber wahrscheinlich gerade deshalb noch immer ein „Geheimtipp". Im Westen von Jøa lässt sich in dem aufwendig angelegten Naherholungsgebiet in der Bucht Rakkavika die Küstenlandschaft auf einem fantastisch angelegten Wegenetz erkunden, der Sonnenuntergang vom Lagerfeuer verfolgen und von den Stegen im Meer angeln. Große Teile dieses Areals sind sogar für Kinderwagen und Rollstühle zugänglich.

Ein echtes Highlight – besonders für Fotografen – ist zudem das 26 Meter lange Eisenzeithaus „Tranås Jernaldergård", das dem ursprünglich hier stehenden Langhaus aus der Wikingerzeit nachgebildet wurde.

Wikinger Langhaus auf der Insel Jøa

INFO

Lage: Abelvær liegt auf der Insel Store Kalvøy, die immer öfter wie das Fischerdorf selbst bezeichnet wird, an der Mündung des Foldafjord.

Parkplatz Strand Aunet: GPS 64.737937, 11.206861

Übernachten / Einkehren:

- Historischer Bauernhof Abelvær Gård: Gästezimmer und Restaurant; Niels Brandtzægs veg 2D, 7950 Abellvær, *abelvaer.com*
- Wohnmobil-Stellplätze mit Strom, Dusche und Toiletten in der Sommersaison am Abelvær Naustkafé; Abelværvegen 1725, 7950 Abelvær, *naustkafeen.no*

9. Vikna: 6000 Inseln und ein geniales Museum

Die historisch gewachsene Hafenstadt Rørvik gilt als Tor zu den rund 6000 Inseln des maritimen und fischreichen Vikna-Archipels, über den man im bedeutenden Museum für Küstenkultur Norveg viel Spannendes und Interessantes erfahren kann.

Historisches Hafenviertel

Die Straße Fv770 verbindet den Vikna-Archipel mit der Küstenstraße Kystriksveien (Fv17) und ermöglicht bequem einen erlebnisreichen Abstecher in die zerklüftete Inselwelt am Nærøysund. Auf der Fahrt empfiehlt sich ein Zwischenstopp bei der kleinen Hofkäserei Litlvea Gård, berühmt für ihre teils exotisch wirkenden und kräftig aromatischen Käsesorten, darunter beispielsweise ein intensiver Gouda mit Pfifferlingen.

Daran anschließend ermöglicht die Überquerung des Meeresarmes Nærøysundet auf der 701 Meter langen Hängebrücke einen ersten Blick auf die Hafenstadt Rørvik. Aufgrund ihrer prädestinierten Lage hat sich die Stadt in vielen Jahrhunderten zu einem bedeutenden Zentrum für die Seefahrt und die Fischerei sowie zu einem

Postschiff der Hurtigruten im Hafen von Rørvik

relevanten Verkehrsknotenpunkt an der Küste entwickelt. Im Hafen von Rørvik treffen sich beispielsweise allabendlich das nordgehende und das südgehende Postschiff der Hurtigruten. An manchen Tagen verwandelt sich dieses Treffen in ein beeindruckendes, teilweise musikalisch untermaltes Spektakel mit einer fantastischen, volksfestähnlichen Atmosphäre.

Aber auch zu jeder anderen Zeit ist ein Bummel durch das Hafengelände mit den teils historischen, farbenfrohen Lagerhäusern zu empfehlen. Diese prägen das Erscheinungsbild der Stadt ebenso wie deren neuestes Wahrzeichen – das außergewöhnlich gestaltete Gebäude des Norveg, des Museums für Küstenkultur.

Die auffallende Architektur, die an ein nordisches Schiff mit drei Segeln erinnert, stammt von Guðmundur Jónsson, dessen Entwurf 2005 für den europäischen Architekturpreis nominiert wurde. In den interaktiven, teils wechselnden Ausstellungen erhalten Besucher spannende Einblicke in das Leben am und mit dem Meer. Darüber hinaus gibt es im Norveg einen Bootssimulator, eine Galerie, einen Museumsshop sowie ein Café. In der Sommersaison bietet das Museum außerdem Bootstouren zum historischen Fischerdorf Sør-Gjæslingan an. Das ehemals größte Fischerdorf Norwegens südlich der Lofoten ist mittlerweile verlassen und wird heute vom Museum erhalten, um einen authentischen Eindruck vom harten Leben der Fischer zu vermitteln. Auf Anfrage besteht die Möglichkeit, in einem der originalen, denkmalgeschützten Fischerhäuser auf der Insel zu übernachten, was ein unvergessliches Erlebnis und eine seltene Gelegenheit bietet, fast allein in dieser Abgeschiedenheit Ruhe zu finden.

Museum Norveg

Verlässt man Rørvik auf der Straße Fv770 in Richtung Westen nach Ytre Vikna und durchquert so die größten Inseln des Archipels, bestehen beste Chancen, auf den bekanntermaßen tierreichen Inseln einen der vielen hier lebenden Elche zu sichten. Zahlreiche Online-Veröffentlichungen bestätigen die überdurchschnittlich hohe Wahrscheinlichkeit einer Begegnung mit den prächtigen Tieren.

Zugleich erreicht man quasi am Ende dieser Route, unweit der Mole von Valøya, den Ausgangspunkt der spektakulären Wanderung auf den Valøytinden. Der Ausblick vom Gipfel über die unzähligen Inseln verspricht Gänsehaut-Momente – insbesondere, wenn die Sonne am Horizont im Meer versinkt. Vom kleinen Parkplatz neben der schmalen Straße führt ein gut markierter Weg direkt bis zum Gipfel des Valøytinden. Bis auf einige steile Passagen ist die ein Kilometer lange Wegstrecke relativ einfach zu gehen, sodass man bereits nach rund 45 Minuten die phänomenale Aussicht genießen kann. Der freie Blick über den Schärengarten zum Horizont garantiert ganz sicher unvergessliche Augenblicke.

Der König des Waldes

INFO

Lage: Die Inselwelt Vikna liegt knapp zwei Fahrstunden nordwestlich von Namsos und verteilt sich um die Hafenstadt Rørvik.

Aktivitäten:

- Besuch des Museums für Küstenkultur Norveg; Strandgata 7, 7900 Rørvik, *kystmuseetnorveg.no*
- Einkehr in der Hofkäserei Litlvea Gård; Foldavegen 5692, 7940 Ottersøya, *litlveagaard.no*
- Ausgangspunkt der Wanderung: Valøytind; GPS: 64.9141414, 10.7813394

Einkehren:

- 64° Nord: Café und Restaurant, in dem Fisch- und Fleischgerichte sowie täglich wechselnde Tagesgerichte serviert werden; Havnegata 3, 7900 Rørvik, GPS: 64.860598, 11.231165

Übernachten:

- Fjukstad Camping: vermietet Plätze für Wohnmobile und Zelte; GPS 64.929234, 10.885769
- Nærøysund Rorbuer: Marøyvalvegen 37, 7900 Rørvik, *naroysundrorbuer.no*

10. Insel Leka: Geologisches Wunderland

Als vor ungefähr 60 Millionen Jahren die Kontinente Europa und Amerika auseinander drifteten, hinterließ die amerikanische Platte mit der Insel Leka einzigartige geologische Formationen. Die goldgelbe Farbe sowie die Formen der Felsen erinnern daher eher an die Kulisse eines Western-Films oder den Yellowstone-Nationalpark.

Neben der Tatsache, dass Leka quasi ein übrig gebliebenes Stück der amerikanischen Kontinentalplatte ist, bietet die Insel zugleich die Möglichkeit, Gesteinsschichten aus dem Erdinneren zu erkunden. Bei den gigantischen Verschiebungen vor vielen Millionen

Die Insel Leka – Ein Stück Amerika in Norwegen

Jahren ist Leka zur Seite „gekippt" und so kann man heute über Felsen wandern, wie sie sonst nur in einer Tiefe von rund sieben Kilometern in der Erdkruste zu finden sind. Diese weltweit seltene Konstellation macht Leka zu einer wahren Pilgerstätte für Geologen aus der ganzen Welt. Aufgrund dessen erhielt die Insel 2010 zudem den Status als Norwegens Geologisches Nationalmonument.

Die seltenen, goldgelb bis rötlich leuchtenden Felsen prägen die Landschaft der Insel auf unverwechselbare Weise und ziehen zunehmend mehr Besucher in ihren Bann. Auf rund 50 markierten Wanderwegen aller Schwierigkeitsgrade kann man diese riesige Wunderwelt aus Stein erkunden. Eines der Highlights ist dabei die einfache Familienwanderung zur skurrilen Felsformation

Lekamøya – der Legende und der Form nach eine versteinerte Jungfrau. Der gut markierte Pfad führt vom Parkplatz neben einem Bauernhof bis zu einem Plateau, auf dem sich der auffällig geformte Monolith etwa 100 Meter in die Höhe erstreckt.

Nicht weniger erlebnisreich ist die populäre Ørnerovet-Wanderung, führt sie doch zu einigen Schauplätzen einer schier unglaublichen Begebenheit: Glaubt man der Überlieferung, wurde 1932 das dreijährige Mädchen Svanhild Hartvigsen von einem Adler entführt. Sie war beim Spielen plötzlich spurlos verschwunden, woraufhin eine große Suchaktion gestartet und die Insel auf den Kopf gestellt wurde. Als man ihren Schuh am steilen Berghang vom Hagafjellet fand, fiel der Verdacht auf einen Adler. Drei junge Männer kletterten zum Adlerhorst hinauf und fanden Svanhild auf einem Bergvorsprung direkt unter dem Nest des Greifvogels.

Seitdem wird in ganz Norwegen diskutiert, ob diese Geschichte wahr sein und ein Adler ein kleines Mädchen entführen kann. Doch die Einheimischen auf Leka haben keinen Zweifel daran und unter anderem den markierten, teils herausfordernden Wanderweg zu Schauorten dieses Dramas angelegt – welches im Übrigen inzwischen sogar als Musical aufgeführt wurde.

Lekamøya – Ziel einer schönen Familienwanderung

Gemeindemuseum auf Leka

Nicht weniger spannend ist ein Blick in die Erde, der in vergleichbarer Form nur auf der Insel Zypern, Newfoundland und eben hier auf Leka möglich ist. Dazu folgt man der Herlaugsløypa – einer gut markierten, etwa zehn Kilometer langen Rundwanderung durch das Inselgebirge Lekafjellene. Der Weg führt größtenteils über die offene Berglandschaft und bietet im weiteren Verlauf grandiose Aussichten über die Küste sowie die Besichtigung seltener geologischer Formationen, die Lekas Landschaft so einzigartig machen. Daher sollte man für diese längere, als schwer eingestufte Wanderung ausreichend Zeit einplanen und mit festem Schuhwerk, ausreichendem Proviant sowie wetterfester Kleidung aufbrechen.

Ebenso empfehlenswert ist eine geführte Tour in die Höhle Solsemhula. Diese darf nur in Gruppen mit einem erfahrenen Guide betreten werden, da hier 1912 historisch wertvolle Felszeichnungen entdeckt wurden. Offenbar wurde die Höhle vor vielen Jahrhunderten als Opferplatz und für rituelle Zeremonien genutzt. Weitere Informationen zu den hauptsächlich im Juli angebotenen Touren findet man auf der englischsprachigen Webseite von Visit Leka.

Aber nicht nur für Geologen ist Leka ein wahres Paradies. 18 markierte Routen mit unterschiedlichen Schwierigkeitsgraden bieten perfekte Voraussetzungen für Paddler, die entweder die ganze Insel umrunden oder in einem von vier Arealen aktiv sein können. Die benötigten Karten lassen sich im PDF-Format kostenlos auf der Webseite von Visit Leka herunterladen.

Darüber hinaus laden einige Sandstrände auf Leka zu einem Picknick oder einem entspannten Strandtag ein, wobei der feinsandige Årdalssanden aus gutem Grund bei den Einheimischen am beliebtesten ist.

Schutzhütte auf der Halbinsel Skeisnesset

Auf der Halbinsel Skeisnesset im Norden von Leka hat die Kommune inzwischen ein Netz befestigter, familienfreundlicher Wege für alle Altersklassen angelegt und so ein wunderschönes Naherholungsgebiet geschaffen. Von der neuen Aussichtshütte, einem architektonischen Juwel im Snøhetta-Stil, lassen sich wettergeschützt Seevögel oder auch die tanzenden Nordlichter beobachten, während das prächtige Steinhaus am Meer ein traumhaftes Fotomotiv abgibt.

Die Insel Leka

Beliebtes Fotomotiv auf Skeisnesset

INFO

Lage: Leka liegt knapp vier Kilometer vor der Küste Nord-Trøndelags.

Ausgangspunkte der Wanderungen:

- Ørnerovet, GPS: 65.10586, 11.62139
- Lekamøya, GPS: 65.04756, 11.58422
- Herlaugsløypa, GPS: 65.07768, 11.66211

Hinweis: Die beste Zeit für einen Besuch auf Leka ist von Mitte Juni bis Ende August.

Einkehren:

- Caféflora: Café, Restaurant und Blumenboutique; Leknessjøveien 154, 7994 Leka, GPS: 65.109333, 11.716174
- Leka Brygge Café: wechselnde Tageskarte mit regionalen Gerichten; Frøvikveien 320, 7994 Leka, GPS: 65.069317, 11.670409

Übernachten:

- Leka Motell og Camping: bietet einfache Gästezimmer, Campinghütten sowie Wohnmobil- und Zeltplätze; Frøvikveien 116, 7994 Leka, *leka-camp.no*
- Leka Brygge: vermietet herrliche Apartments mit Meerblick; *lekabrygge.no*

Websites:

- *visitleka.no*
- Autofähre, Schnellboot: *reisnordland.com*

Südliche Helgelandskysten

Insel Tomma (Drohnenaufnahme)

Südliche Helgelandskysten

11. Insel Kvaløya: Strand, Kultur und Gipfel
12. Nevernes Havn: Schmuckkästchen der Küstenkultur
13. Hildurs Urterarium: Kräuter und Delikatessen
14. Insel Vega: UNESCO-Weltkulturerbe im Polarmeer
15. Skjæringen: Die Zweithöchste von Sieben Schwestern
16. Insel Herøy: Ein Meer an Möglichkeiten
17. Insel Dønna: Helgeland en miniature
18. Nepsteinen: Helgelands Trollzunge
19. Insel Tomma: Naturparadies wie eine Filmkulisse

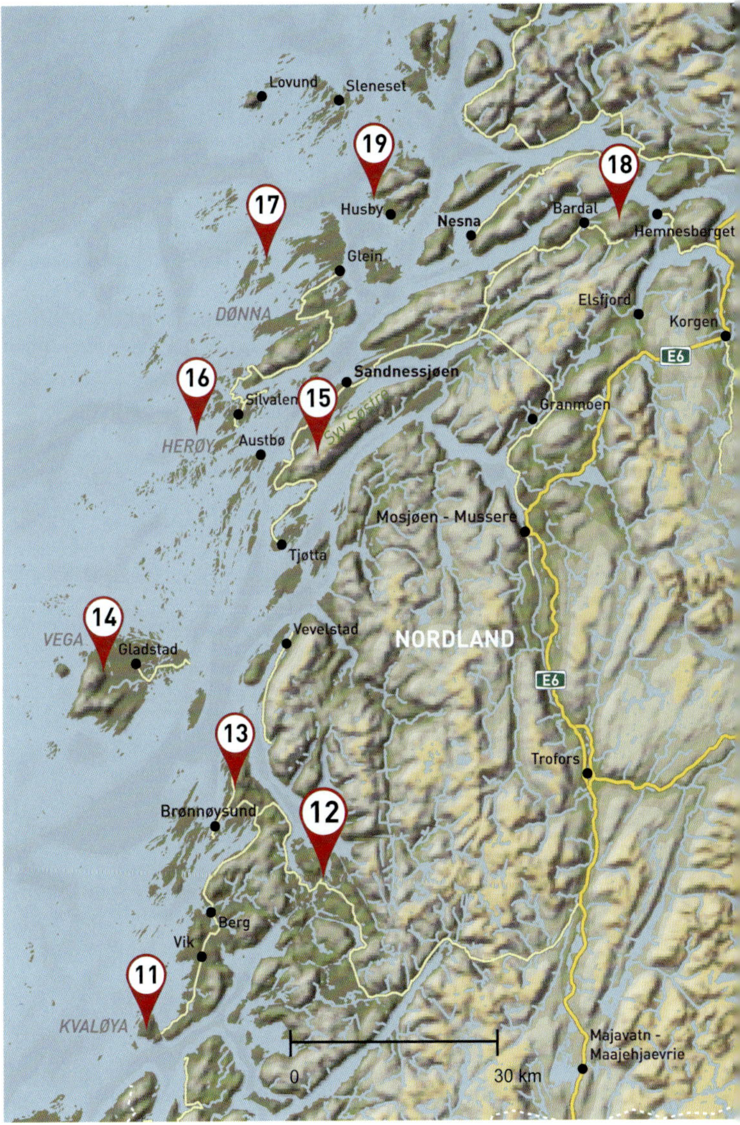
Lovund
Sleneset
19
18
17
Husby
Nesna
Bardal
Hemnesberget
Glein
Elsfjord
DØNNA
Korgen
E6
16
Sandnessjøen
Silvalen
15
Syv Søstre
Granmoen
HERØY
Austbø
Mosjøen - Mussere
Tjøtta
14
VEGA
Vevelstad
Gladstad
NORDLAND
E6
13
Trofors
Brønnøysund
12
Berg
Vik
11
KVALØYA
0
30 km
Majavatn - Maajehjaevrie

11. Insel Kvaløya: Strand, Kultur und Gipfel

Auf lediglich zehn Quadratkilometern präsentiert Kvaløya eine unerwartete Vielfalt an Eindrücken und Erlebnissen ganz unterschiedlicher Art – von bemerkenswerten Gipfelwanderungen über kulturelle Entdeckungen im Kystkvinneparken bis hin zu erholsamen Strandtagen in der Bucht Kvennvika.

Sobald man mit der Fähre von Holm den Anleger in Vennesund erreicht, ist man geneigt, auf direktem Weg der Küstenstraße Kystriksveien (Fv17) weiter zu folgen. Doch halt! Viel mehr sollte man sich die Zeit für einen Abstecher auf die südwestlich liegende Insel Kvaløya nehmen und am Abzweig hinter dem Fähranleger links abbiegen – aus Norden kommend natürlich in die entgegengesetzte Richtung.

Die Bucht Kvennvika auf Kvaløya

Über einen kurzen Damm erreicht man nur einen Augenblick später Kvaløya und kann sich dort zunächst eine unvergessliche Pause am feinsandigen Strand der idyllischen Bucht Kvennvika gönnen. Die Kommune hat hier einen Parkplatz mit Umkleideräumen, Duschen und Toiletten angelegt. Der im Takt anlegender Fähren pulsierende Verkehr auf dem anderthalb Kilometer entfernten Kystriksveien (Fv17) scheint in dieser Oase der Entspannung plötzlich weit weg und man fühlt sich an sonnigen Tagen wie in einem Tropenparadies – Prädikat „Traumhaft".

Nach einem relaxten Strandtag kann man sich sportlich betätigen und den Gipfel des benachbarten Sørfjellet erklimmen. Dieses überragt die Bucht um etwa 220 Höhenmeter und offeriert einen dementsprechend imposanten Blick auf das Karibikidyll mit dem kreideweißen Sandstrand vor dem türkisblauen Meer. Die Wande-

Als Mensch ganz klein auf dem Gipfel des Ingebrigt

rung beginnt etwas oberhalb vom Strand an der Anhöhe Kvennvikskaret am Parkplatz direkt neben der Straße. Nach einem teilweise steilen Anstieg über 170 Höhenmeter lässt sich die Aussicht genießen, die an klaren Tagen sogar bis nach Leka oder zum Torghatten reicht. Auch das charakteristische Wahrzeichen der Region, der spitze Gipfel des Heilhornet auf dem Festland, ist perfekt auszumachen.

Noch etwas höher hinaus führt die zweite Gipfeltour auf Kvaløya. Vom Parkplatz neben dem Versammlungshaus der Inselbewohner folgt man dem markierten Weg, der zunächst über offenes Gelände und einen Bauernhof führt, bevor er sich als schmaler Pfad durch hügeliges Gelände auf den Ingebrigt (304 Meter über dem Meeresspiegel) hinauf schlängelt. Dort markiert neben einer Wetterstation eine auffallend große Varde das Ziel dieser Wanderung, die daher von den Einheimischen und in den meisten Publikationen als Tour zur „Ingebrigtvarden" bezeichnet wird.

Ein erlebnisreicher Tag auf Kvaløya lässt sich perfekt mit einer Besichtigung der ansprechenden Skulpturen im Kystkvinneparken

abrunden. Dieser Park wurde geschaffen, um den oft wenig sichtbaren, aber unverzichtbaren Beitrag der Frauen zum teils entbehrungsreichen Leben entlang der Küste und auf den Inseln zu würdigen. Gerade in früheren Zeiten mussten sie die Höfe bewirtschaften und den Alltag organisieren, wenn die Männer zum Fischfang auf das Meer hinausfuhren und viel zu oft nie wieder zurückkamen.

INFO

Lage: Die Insel Kvaløya befindet sich etwa 40 Kilometer südlich von Brønnøysund.

Ausgangspunkte der Wanderungen:

- Ingebrigtvarden, GPS: 65.225465, 12.022766
- Sørfjellet, GPS: 65.2138314, 12.0198562

Übernachten:

- Vennesund Quay & Camping: bietet einfache Hütten, Zeltplätze, Wohnmobil-Stellplätze und Boote zur Vermietung an; Kystveien 5, 8920 Sømna, *vennesund.no*

12. NEVERNES HAVN: SCHMUCKKÄSTCHEN DER KÜSTENKULTUR

Nevernes Havn ist ein (weiterer) lebendiger Beweis für den erfolgreichen Kampf einer visionären Gemeinschaft sowie einiger Idealisten um den Erhalt einst stolzer Küstenorte. Der kleine Hafen ist zugleich das Einfallstor in den Nationalpark Lomsdal-Visten und ein ruhiger Platz, um das Leben zu genießen.

Nevernes Havn, malerisch auf einer Landzunge an den Ausläufern des Velfjords gelegen, strahlt noch heute den Charme eines traditionellen Handelspostens aus. Umgeben von einer teils schwer zugänglichen Wildnis und abgeschnitten vom Durchgangsverkehr auf den Fernstraßen, dominiert hier ein völlig anderer Rhythmus den Alltag. Ein entspannter Takt der Entschleunigung, der hauptsächlich durch die umliegende, urgewaltige Natur des Nationalparks Lomsdal-Visten bestimmt wird. Dieser wird auch als „verborgenes Land" bezeichnet, denn in dem weiten Areal gibt es kaum markierte Wege und nur wenige Schutzhütten. Daher trifft man hier selten

Küstenidyll Nevernes Hafen am Velfjorden

Aussichthütte zum Nationalpark Lomsdal-Visten

andere Menschen und ist in diesem schwer zugänglichen Eldorado für Naturpuristen in der Regel auf sich gestellt.

Einen perfekten Blick auf die beeindruckende Landschaft des Nationalparks kann man aus einer kleinen Schutzhütte am Fjordufer in Nevernes Havn erhaschen. Der wettergeschützte Aussichtspunkt auf einem Uferfelsen eignet sich zugleich als optimaler Platz für ein Picknick und ist das Ziel einer einfachen, familienfreundlichen Wanderung. Die 500 Meter lange Strecke beginnt auf einem Parkplatz neben dem Hof Nævernes Gaard und folgt einem durchweg markierten Weg, der zudem mit hölzernen Skulpturen heimischer Tiere abwechslungsreich gestaltet wurde.

Auf dem Hof Nævernes Gaard können interessierte Besucher zugleich ein Museum besuchen, in dem eine der größten privaten Sammlungen eindrucksvolle Exponate aus der Zeit des Zweiten Weltkrieges zeigt. Wer hingegen mehr über den Nationalpark erfahren möchte, findet in den historischen Lagerhäusern am Hafen eine entsprechende Ausstellung mit weitreichenden Informationen. In den drei rot leuchtenden Gebäuden an der Wasserkante befindet sich heute außerdem das Zentrum für Küstenkultur und ein kleines Sommercafé, wo es an einigen Tagen selbst gebackene Waffeln und Kuchen gibt.

Wer den Abstecher nach Nevernes Havn plant, sollte diesen Ausflug mit einem Besuch der ältesten Holzkirche Nordnorwegens, der Velfjord Kirche (auch als Nøstvik kirke bekannt), verbinden. Diese wurde 1674 bei Hommelstø am Fjordufer errichtet, um die massiven Hölzer für den Kirchenbau mit dem Boot anlanden zu können. Impressionen ganz anderer Art versprechen die teils skurrilen und kuriosen Installationen am Rand des Langfjordveien – einer Dorfstraße, die von der Straße Fv76 zum Langfjord hinab führt und in ihrem Verlauf einige spannende Entdeckungen parat hält, von liebevoll bemalten Toilettenbecken bis hin zur wohl coolsten „Bar" Norwegens und einer unglaublichen Außentoilette mit allerlei Nippes aus der ganzen Welt …

Nøstvik kirke – ein historisches Highlight in Nordnorwegen

Picknickplatz am Langfjorden – die wohl coolste Bar Norwegens

INFO

Lage: Nevernes Havn liegt etwa 40 Kilometer östlich von Brønnøysund.

Hinweis: Ein Besuch lohnt sich besonders im Juli, da in dieser Zeit die meisten Aktivitäten angeboten und Veranstaltungen organisiert werden.

Übernachten:

- Vassenget Overnatting: bietet Hütten und Häuser zur Vermietung an; Bakkenveien 17, 8960 Velfjord, *vassenget-overnatting.no*
- Wohnmobil-Stellplätze mit Strom in Hommelstø; Rugåshylla 2, 8960 Velfjord, GPS: 65.404266, 12.547580

Websites:

- *velfjord.no*
- *neverneshavn.com*

13. Hildurs Urterarium: Kräuter und Delikatessen

Rund 250 unterschiedliche Kräuter im Garten der Bäuerin Hildur verheißen teils wundersame Wirkungen und betören mit unverwechselbaren Aromen. Im benachbarten Restaurant Sagastua finden sie ebenso Verwendung wie weitere regionale Produkte vom Bauernhof sowie aus den Wäldern und Gewässern der Umgebung.

Man kann Hildurs Kräutergarten kaum verfehlen: Rund 6,5 Kilometer nördlich von Brønnøysund liegt der stolze Hof zwischen den steilen Felsen des Mosfjells und der Küstenlinie direkt neben dem Kystriksveien (Fv17).

Nachdem Hildur und ihr Mann Torbjørn 1988 ihren Hof an die nachfolgende Generation übergaben, verwirklichten sie sich zugleich ihren Traum von einem eigenen Kräutergarten und einem (zunächst) kleinen Restaurant. Und so kamen bald die ersten Besucher, die damals noch in dem Zuhause der Familie, im Wohnzimmer des 250 Jahre alten Haupthauses, in einer urgemütlichen authentischen Atmosphäre bewirtet wurden.

Kräutergarten von Hildurs Urterarium

Das Steinalderhus steht Besuchern offen

Schon bald war „Hildurs Urterarium" mehr als ein Geheimtipp unter Gourmets und Kräuterfans, sodass der Platz im Wohnzimmer nicht mehr ausreichte. Heute kann man dort noch seinen Kaffee oder einen Aquavit genießen, währenddessen inzwischen nebenan, im renommierten und nicht weniger gemütlichen Restaurant „Sagastua", regionale Delikatessen serviert werden. Die Einrichtung im Wikingerstil mit der offenen Feuerstelle im Raum schafft eine urige und unverwechselbare Atmosphäre – ein perfekter Rahmen für ein einprägsames kulinarisches Erlebnis und ein Eintauchen in die Geheimnisse der regional verankerten norwegischen Küche. Und so sagen die Gastgeber bis heute: „Willkommen bei uns Zuhause".

Ronny, Enkelsohn von Hildur und Torbjørn, führt heute als Küchenchef das Restaurant. Als passionierter Jäger und Fischer sorgt er zugleich für die frischen Zutaten in der Küche, von Fischen und Meeresfrüchten aus den umliegenden Fjorden bis hin zu selbst gejagten Elchen und Rehen. Die teils exotischen Kräuter aus dem eigenen Garten geben den Gerichten durch ihre feinen Aromen eine unverwechselbare Note und begründen den guten Ruf der erstklassigen Küche.

In gleicher Weise verleihen die Kräuter mittlerweile dem regionalen Aquavit „Torghatten" (s)einen ganz besonderen Geschmack. Die regionale Gruppe der „Freunde des Norwegischen Aquavits" – einer anerkannten Vereinigung zur Pflege des Brauchtums und der Tradition rund um das norwegische Nationalgetränk – hat die Rezeptur kredenzt und „Hildurs Urterarium" als eine von lediglich rund 40 offiziellen Aquavit-Bars in Norwegen autorisiert.

Der Kräutergarten ist unterteilt in verschiedene Abschnitte, in denen eine beeindruckende Vielfalt an Küchenkräutern, Heilkräutern, Giftkräutern und biblischen Pflanzen zu entdecken ist – eingerahmt von farbenprächtigen Rosen und Rhododendren. In den Sommermonaten wird den Besuchern auf sachkundigen Führungen viel Wissenswertes aus der Welt der Kräuter vermittelt und so manche kaum bekannte, teils anregende Wirkung der Pflanzen verraten.

Zu dieser Zeit wird auch fast täglich der Pizzaofen in dem kleinen Gartencafé angefeuert und die berühmte hausgemachte Pizza mit einem besonders dünnen Boden serviert.

Eine erstaunliche Pflanzenvielfalt präsentiert sich den Besuchern

Übernachten und Speisen im historischen Ambiente

INFO

Lage: Hildurs Urterarium liegt etwa 6,5 Kilometer nördlich von Brønnøysund, GPS: 65.523744, 12.273708

Hinweis: Im Sommer wird abends täglich ein Menü aus mehreren Gängen serviert. Tischreservierungen mindestens einen Tag im Voraus. Bewirtung außerhalb der Sommersaison nach telefonischer Vereinbarung.

Übernachten:

- Direkt auf dem Hof stehen vier heimelig eingerichtet Gästezimmer zur Verfügung.
- Wohnmobilisten, die eine Jahresmitgliedschaft bei NORTRIP* erworben haben, können direkt auf dem Parkplatz von Hildurs Urterarium übernachten (Ausnahmen beachten).

Website: *hildurs.no*

*NORTRIP: Mit dem Kauf einer Jahresvignette erhält man die Möglichkeit besondere Stellplätze (Höfe, Museen, Gaststätten etc.) dieser Vereinigung kostenlos zu nutzen. Mehr Informationen: QR-Code

14. Insel Vega: UNESCO-Weltkulturerbe im Polarmeer

Vega, als größte Insel des gleichnamigen Archipels vor der norwegischen Küste, ist Teil des UNESCO-Weltkulturerbes, da die jahrhundertealte Tradition der Eiderentenhaltung ein lebendiges Beispiel der harmonischen Koexistenz von Mensch und Natur darstellt.

Der Vega-Archipel mit seinen 6500 Inseln, Holmen und Schären ist ein Traumziel für Naturliebhaber und Vogelbeobachter, die in dieser Inselwelt unberührte, menschenleere Landschaften sowie eine vielfältige Tier- und Pflanzenwelt entdecken können. In den

Vega mit unzähligen Holmen und Schären

zumeist flachen Gewässern zwischen den Inseln laden perfekte Bedingungen zu den verschiedensten Aktivitäten auf, am und im Meer ein. Ob Paddeltouren, Angelausflüge, Tierbeobachtungen oder Tauchgänge in dem kristallklaren Wasser – hier kommen alle Besucher auf ihre Kosten. So gibt es um die Ansiedlung Eidem im Süden der Insel Vega Norwegens einzigen ausgeschilderten und markierten Schnorchel-Trail, der durch die versteckten Buchten der zerklüfteten Küste führt.

Einige dieser idyllischen Buchten sind ab Eidem auch auf dem Landweg erreichbar – als Ziele oder Etappen leichter, familienfreundlicher Küstenwanderungen. Von den herrlich angelegten Parkplätzen mit Grillplätzen und Hütten zum Umziehen für die Tauchgänge führt unter anderem eine markierte Wanderroute zum schönsten Strand von Vega. Glaubt man den Einheimischen, liegt dieser wohl in der Bucht Ervika und tatsächlich ist der strahlend weiße Sandstrand vor dem azurblauen Meer ein paradiesischer Ort, an dem man einen langen Sommertag genießen kann.

Eine weitere Wanderung vom letzten Parkplatz am Ende der Straße Sørbygdveien (Straße 7238) führt durch einen wahrlich märchenhaft anmutenden Wald zur Steinhöhle von Vefsn Anna. Die Legende von Anna erzählt von einem jungen Mädchen aus Vefsn, das wegen Inzest verstoßen wurde. Auf Vega fand es Zuflucht, versteckt in dieser kleinen Berghöhle. Anna überlebte, indem sie heimlich zum Fischen fuhr oder Milch von weidenden Kühen trank. Die Leute in Eidem merkten allerdings, dass Anna dort in den Bergen lebte, weil die Kühe oft mit leerem Euter von der Weide kamen …

Auf der Westseite Vegas trifft man auf eine spektakuläre Landschaft, die durch steil abfallende Berghänge an einem schmalen Küstenstreifen geprägt ist, über dem man fast regelmäßig stolze Seeadler beobachten kann. Hier führt von einem Parkplatz am Ende der Straße die populäre Vegatreppe über 1500 hölzerne Stufen zum Aussichtspunkt Ravnfloget hinauf. Von diesem Felsplateau eröffnet sich ein atemberaubender Blick auf die Insel Søla und weitere unzählige Inseln des Archipels, die in den Sommermonaten oft im goldenen Licht der tief stehenden Sonne liegen oder in einer wahren Explo-

Aussicht auf die Insel Søla vom Felsplateau Ravnfloget

sion der Farben eines dramatischen Sonnenuntergangs leuchten. Leider musste die Vegatreppe mittlerweile mehrmals nach Steinlawinen gesperrt werden, weshalb eine freie Zugänglichkeit nicht immer gegeben ist. Für Wagemutige bietet sich als Alternative und Nervenkitzel ein Aufstieg über den gesicherten Klettersteig Via Ferrata, auf dem man mithilfe sachkundiger Anleitung und entsprechender Ausrüstung ebenfalls Ravnfloget erreichen kann.

Der Inselnorden hält dagegen viele Möglichkeiten parat, sich mit der reichen Geschichte von Vega zu beschäftigen oder mehr über die Tradition der Eiderentenhaltung zu erfahren. Dazu empfiehlt sich zunächst ein Besuch der alten Vegsteinen-Handelsstation. Dieser historische Handelsposten beherbergt heute ein kleines Museum, das während der Sommersaison Einblicke in die historische Küstenkultur gewährt. Im oberen Stockwerk der Handelsstation befindet sich ein Sommercafé, bekannt für seine köstlichen Waffeln, und ein kleiner Souvenirshop. Das benachbarte Ladengeschäft

fängt den Geist der 1950er- und 1960er-Jahre ein und zeigt originalgetreue Produkte aus dieser Zeit, da es seit dem letzten Betriebstag im ursprünglichen Zustand erhalten wurde.

Eliasbrygga in der Abendsonne

Im pittoresken Fischerdorf Nes, umgeben von den historischen Holzhäusern um die Eliasbrygga, lässt sich die Reise in die Vergangenheit fortsetzen. Ein authentischer Bauernladen vor Ort bietet die Möglichkeit, lokale Handwerksprodukte zu erwerben, während ein kleiner Museumsbereich Einblicke in das Leben der Seefahrer und Fischer in längst vergangenen Tagen gewährt. Darüber hinaus kann man hier zu Angeltouren in den fischreichen Gewässern aufbrechen oder sich ein Kajak ausleihen. In jedem Fall bieten sich in dem geschützten Hafen mit den farbigen Hütten und Lagerhäusern viele authentische Fotomotive.

Das 2019 eröffnete UNESCO-Welterbezentrum auf Vega, rund zwei Kilometer vom Fischerdorf Nes entfernt, gewährt darüber hinaus auf anschauliche Weise interessante Einsichten in die traditionelle Eiderentenzucht und das frühere, oft beschwerliche Leben auf der Insel.

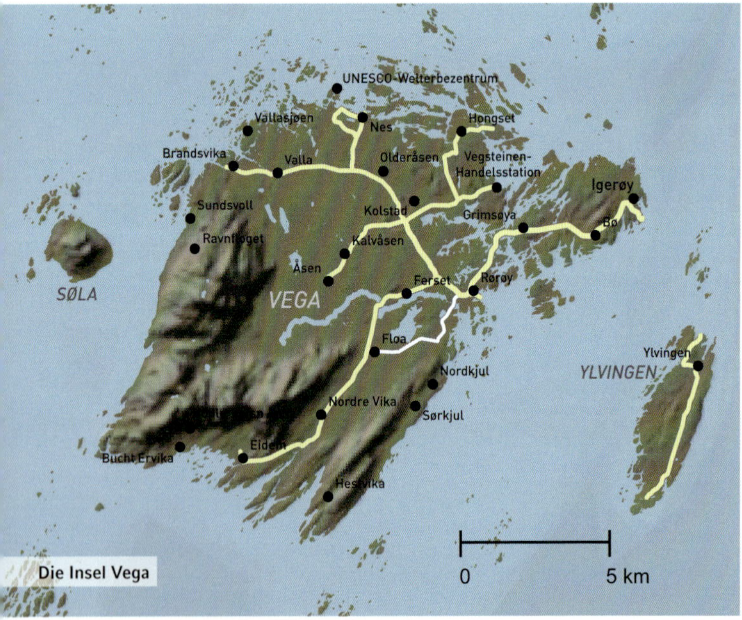

Die Insel Vega

UNESCO Welterbe-Zentrum

INFO

Lage: In der Mitte zwischen Trondheim und Bodø liegt etwa 15 Kilometer vor der Helgelandkysten die Inselwelt von Vega.

Aktivitäten: Wer spontan Schnorcheln oder Radfahren möchte, kann sich die Ausrüstung bei Vega Sport & Fritid ausleihen; *vegasport.no*

Einkehren:

- Vegstein Gamle Handelssted: Das Museum und Sommercafé bietet in der Saison Kaffee, Waffeln und auch einen kleinen Imbiss an; Fv87 8, 8986 Vega, GPS: 65.685878, 12.026209
- Vega Havhotell: Wer kulinarische Highlights erleben möchte, sollte hier einkehren! Viksåsveien 34, 8984 Vega, GPS: 65.701812, 11.873691

Übernachten:

- Vega Havhotell: bietet gemütliche Zimmer in verschiedenen Preisklassen; *vegahavhotell.no*
- Vega Camping: offeriert Wohnmobil-Stellplätze mit Strom, Zeltplätze und Campinghütten; Floaveien 24, 8983 Vega, *vegacamping.no*

Websites:

- *visitvega.no*
- Autofähre, Schnellboot: *reisnordland.com*

15. Skjæringen: Die Zweithöchste von Sieben Schwestern

Die Sieben Schwestern (norwegisch „Syv Søstre“) gelten als Wahrzeichen der Helgelandskysten: Sie sind nicht nur ein prägendes Element der berühmten Helgelandssaga, sondern zugleich steinernes Symbol der rauen und charakteristischen Küstenlandschaft dieser Region.

Um Irritationen vorwegzunehmen: Die imposanten sieben Gipfel, die alljährlich zahlreiche Besucher anlocken, teilen ihre berühmte Bezeichnung „Die Sieben Schwestern“ mit den nicht weniger spektakulären und gleichnamigen Wasserfällen am Geirangerfjord. Doch hier geht es um das sagenumwobene Bergmassiv, das sich auf der Insel Alsta von Nordosten nach Südwesten erstreckt und dessen Gipfel stolze Höhen von 910 bis 1072 Meter erreichen. Kaum zu glauben, dass die Besteigung jedes einzelnen Gipfels ohne spezielle Ausrüstung möglich ist.

Erfahrene Wanderer stellen sich sogar der Herausforderung, alle sieben Gipfel an nur einem Tag zu erklimmen. Für diese sehr anspruchsvolle sowie kräftezehrende Tour mit einer Länge von 27 Ki-

Dønna und Herøy liegen zum Greifen nah

lometern und mehr als 3200 Höhenmetern sollte man als durchschnittlich geübter Wanderer etwa 14 Stunden einplanen.

Wer hingegen die grandiose Aussicht von wenigstens einer der „Schwestern" genießen möchte, kann eine Wanderung auf den zweithöchsten Berg des Massivs, den Gipfel des Skjæringen, in Erwägung ziehen. Trotz der Herausforderung, rund 1000 Höhenmeter auf einer Distanz von etwa 4,5 Kilometern zu bewältigen, gilt diese Route als die einfachste der Gipfeltouren innerhalb des Bergmassivs. Aufgrund der simplen Wegführung und der damit leichten Zugänglichkeit des Gipfels ist dieser Aufstieg bei den Einheimischen sehr beliebt. Der optimale Ausgangspunkt für diese Wanderung befindet sich südlich von Sandnessjøen auf der Insel Alsta, direkt an den Ausläufern der Sieben Schwestern. Es ist essentiell, bei der Planung der Tour die Wetterprognose zu berücksichtigen, um nicht von hartnäckigem Nebel überrascht zu werden.

An der Gipfelpyramide warten bereits die Trolle

Die Wanderung beginnt mit einem zunächst moderaten Anstieg durch den Talkessel, der zwischen dem Skjæringen und den Doppelgipfeln Tvillingene liegt. Nach kurzer Zeit erreicht man kleine Wasserfälle und Naturpools, die direkt einer Märchenwelt entsprungen zu sein scheinen. In der Stille der Nacht kann man sich lebhaft vorstellen, wie Elfen und Feen in diesem verborgenen Paradies verweilen und in den klaren, glitzernden Gewässern ein nächtliches Bad nehmen. An diesem Punkt sollte man die Gelegenheit nutzen, seine Wasserflasche(n) aufzufüllen, denn es ist die einzige Wasserquelle entlang dieser Route.

Von nun an wird der Pfad zunehmend steiler und mit jedem gewonnenen Höhenmeter auch anspruchsvoller. Besonders die glattgeschliffenen Felsplatten, die bei Nässe extrem rutschig werden, erfordern dann Aufmerksamkeit und Geschick. Am höchsten Punkt zwischen den beiden Gipfeln angekommen, steht man vor der Wahl: die Herausforderung der Zwillingsgipfel Tvillingene rechter Hand anzunehmen oder links zum Skjæringen weiterzugehen. Einige Enthusiasten kombinieren auch gern die beiden Gipfel, da an der Weggabelung ohnehin der größte Teil des Aufstiegs geschafft ist. Noch ein letzter herausfordernder, steiler Anstieg über Felsbrocken und loses Gestein ist zu bewältigen, gefolgt von einem luftigen schmalen Grat, der überwunden werden muss – und dann ist es endlich so weit: Die Gipfelpyramide ist in greifbarer Nähe.

Am Ziel angelangt, entfaltet sich ein spektakuläres 360-Grad-Panorama, das sich in alle Himmelsrichtungen erstreckt und den

Belohnung am Ziel – eine einzigartige Aussicht

Betrachter in seinen Bann zieht. Die grenzenlose Weite der Landschaft ist schlichtweg atemberaubend und jegliche Erinnerung an den mühsamen Aufstieg verblasst augenblicklich. Übrig bleibt ein tiefes Gefühl von Stolz, eine dieser imposanten Gipfelschwestern erklommen zu haben.

Abstieg am Nachmittag vom Skjæringen

INFO

Lage: Die Bergkette liegen direkt an der Helgelandskysten auf der Insel Alsta, etwa zehn Kilometer südlich von Sandnessjøen.

Wanderung:

- Länge: neun Kilometer komplett; Anstieg: etwa 1000 Höhenmeter; Dauer: etwa fünf bis sechs Stunden (gesamte Wegstrecke). Die beste Zeit für diese Wanderung ist an trockenen Tagen Anfang Juni bis September. Wanderparkplatz: GPS: 65.953433, 12.5292673

Hinweis: Übersichtskarte und GPX Daten über QR Code auf *Nordlandblog.de*

16. Insel Herøy: Ein Meer an Möglichkeiten

Eine beeindruckende Vielfalt tausender Inseln, Schären und Holmen dominiert die erstaunlich flache Landschaft der Inselkommune Herøy – ein wahres Eldorado für Wassersportler und Radfahrer, die diese Inselwelt auf spektakulären Routen erkunden können.

Blick von Dønna auf die Inseln von Herøy

Wer nicht gerade einen Gipfel der „Sieben Schwestern" erklimmen möchte oder es besonders eilig hat, ist gut beraten, bei Sandnessjøen die Küstenstraße Kystriksveien (Fv17) zu verlassen und stattdessen der Nebenstrecke 828 über die Inseln von Herøy und Dønna zu folgen. Wer in nördlicher Richtung unterwegs ist, setzt dafür vom Anleger in Søvik mit der Fähre nach Herøy über – einer lebendigen Inselkommune, deren größere Inseln durch ein teils spektakuläres Straßennetz miteinander verbunden sind. Diese Strecken führen über Brücken und Straßen, die sich scheinbar direkt durch das Meer winden, vorbei an azurblau schimmernden Buchten und mitunter direkt neben der tosenden Brandung, sodass man sich etappenweise an die legendäre Atlantikstraße in Südnorwegen erinnert fühlt. Jede Fahrt auf diesen Routen gerät so zweifelsohne zu einem grandiosen Erlebnis. Das ist sicherlich, neben der nur leicht hügeligen Landschaft, ein essentieller Grund, dass die Inselgruppe

Herøy – Eldorado für Radtouren

heute ein besonderes Sehnsuchtsziel vieler Radfahrer ist.

Darüber hinaus wissen viele Besucher den einzigartigen Blick auf die legendäre Bergkette „Die Sieben Schwestern" zu schätzen, die man aus dieser Distanz in ihrer ganzen Schönheit bewundern und natürlich perfekt fotografieren kann. Besonders gut geeignete Plätze für unvergessliche Fotomomente findet man in einem ehemaligen Fährhafen (GPS: 66.010350, 12.376074) oder am Ziel einer kurzen Wanderung auf den lediglich 48 Meter hohen Brannåsen im Norden von Herøy.

Für Vogelliebhaber ist hingegen die Insel Ytre Øksningan ein Muss – hier bietet sich die seltene Gelegenheit, mit geringem Aufwand und hoher Wahrscheinlichkeit Seeadler in ihrem natürlichen Lebensraum zu beobachten. Von einem sehr kleinen Parkplatz di-

Die Sieben Schwestern auf dem Festland

rekt neben der Straße beginnt die Wanderung auf den Stortuva, mit einer Höhe von 98 Metern über dem Meeresspiegel einer der höchsten „Gipfel" von Herøy. Allerdings reicht diese Höhe bereits aus, um von der Gipfelpyramide ein traumhaftes 360-Grad-Panorama über all die unzähligen Inselchen und hinüber nach Dønna genießen zu können.

Maritimes Flair auf Herøy

Da in den umliegenden Felsen einige Seeadler ihren Horst haben, ist es schon fast garantiert, dass man diese mächtigen Raubvögel bei ihren Beutezügen beobachten kann – ein unvergessliches Erlebnis. Der gut markierte Weg schlängelt sich vom Parkplatz zunächst durch etwas Unterholz, bevor man im offenen Gelände einige steile Passagen bis zum Ziel zu bewältigen hat. An den steilsten Stellen sind in der Regel Hilfsmittel wie Leitern, Stufen, Geländer oder Seile angebracht. Dadurch ist diese Wanderung gleichermaßen abwechslungs- und erlebnisreich, nicht ernsthaft gefährlich und somit für viele Altersgruppen geeignet.

Ein Erlebnis ganz anderer Art verspricht dagegen ein Abstecher in ein extrem populäres Blumen- und Einrichtungsgeschäft, das man so auf den maritim geprägten Inseln kaum vermuten würde: Die ansprechende Boutique Etcetera wurde von Tommy Eide, einem zweifachen Weltmeister im Bereich des Blumendekors, eröffnet und von ihm mittlerweile zu einem beliebten Ausflugsziel für Blumenfreunde aus nah und fern entwickelt, wobei einige Kunden wohl sogar mehrstündige Anfahrten auf sich nehmen sollen. Das Ambiente im Geschäft wirkt wie ein kleines eigenes Universum, das Besucher in eine Welt der Schönheit und Kreativität entführt.

INFO

Lage: Die Kommune Herøy liegt verteilt über einige Inseln unweit der Stadt Sandnessjøen direkt vor der Helgelandskysten.

Hinweis: Die Inseln von Herøy sind vom Kystriksveien (Fv17) direkt per Fähre von Søvik zu erreichen. Herøy ist mit der größeren Nachbarinsel Dønna über Brücken verbunden. Dønna selbst ist vom Festland ebenfalls mit einer Fähre zu erreichen; Fahrpläne: *reisnordland.com*

Ausgangspunkt der Wanderung:

- Parkplatz Stortuva, GPS: 66.010448, 12.223218

Einkehren:

- Herøy Brygge Hotel und Restaurant: Die Speisekarte ist inspiriert von Delikatessen aus dem Meer und setzt hauptsächlich auf lokale Produkte; Herøyholmveien 33, 8850 Herøyholmen, GPS: 65.980333, 12.283135, *heroybrygge.com*

Übernachten:

- Herøy Caravan bietet Wohnmobil-Stellplätze und Zeltplätze sowie Kajaks und Boote zum Verleih an; Vangsholmveien 44, 8850 Herøy, *heroycaravan.no*
- Elfis Sjøstuer: wird von einem sehr netten Ehepaar betrieben, das Ferienwohnungen sowie eine Hütte direkt am Wasser und Fahrräder vermietet; Nordhærøyveien 510, 8850 Herøy, *elfis.no*
- Herøy Brygge Hotel und Restaurant: offeriert Zimmer in verschiedener Preisklassen; *heroybrygge.com*

17. Insel Dønna: Helgeland en miniature

Dønna, die größte Insel in Helgeland, vereint die typischen Merkmale der Region auf 137 Quadratkilometern: markante Gipfel in luftiger Höhe, versteckte Buchten mit karibikähnlichen Stränden, fischreiche Fjorde und eine lebendige Kulturgeschichte.

Dønna steht wie keine andere Insel an der Helgelandskysten für die Verbindung von sportlichen Aktivitäten, landschaftlichen Entdeckungen und regionaltypischem Genuss, sodass jeder Reisende gut beraten ist, einen Umweg von der Küstenstraße Kystriksveien (Fv17) einzuplanen. Die charakteristische Form des Bergmassivs Dønnamannen (858 Meter über dem Meeresspiegel) gibt der Insel ihr unverwechselbares Profil und half den Menschen viele Jahrhunderte lang bei der Orientierung. Mit etwas Fantasie erkennt man im Dønnamannen tatsächlich die Gesichtsform eines Mannes, der auf dem Rücken liegt und in den Himmel starrt. Dementsprechend sind auch seine Gipfel benannt: Panna, Leppa, Nesen und Haka (Stirn, Lippe, Nase und Kinn). Aber egal, welches „Körperteil" man als Wanderziel auswählt: Der Aufstieg über 800 Meter in teils ausgesetztem Terrain und über luftige Passagen macht diese Tour zu einer herausfordernden Wanderung, die somit wohl hauptsächlich erfahrenen Outdoor-Enthusiasten vorbehalten ist.

Wer erkennt ein Gesicht im Dønnemannen?

Deutlich einfacher erreicht man hingegen das Åkvikfjellet (293 Meter über dem Meeresspiegel), von dessen Gipfel sich eine eindrucksvolle Aussicht über die unzähligen Inseln und Inselchen der Umgebung, die Bergkette „Sieben Schwestern" sowie auf den benachbarten Dønnamannen bietet. Ein gut markierter und einfach zu gehender Weg führt vom befestigten Parkplatz unweit der Brücke Åkviksundbrua direkt hinauf zur Gipfelpyramide. Von dort ist es nicht weit bis zu einer steilen Abbruchkante. Der Blick in den furchterregenden Abgrund verspricht wacklige Knie und zumindest ein Kribbeln im Bauch.

Aussicht von der steilen Abbruchkante im Åkvikfjellet

Noch leichter erreicht man hingegen das Dønnesfjellet (127 Meter über dem Meeresspiegel) im Norden der Insel. Neben einem familienfreundlichen Wanderweg führt sogar eine befestigte Straße bis zum Parkplatz neben der Berghütte Dønnesfjellstua auf dem Dønnesfjellet. In dem Café und Restaurant kann man während der Sommersaison lokale Spezialitäten genießen und anschließend vom Aussichtspunkt den Blick über den gesamten Archipel bis hinüber nach Lovund und Træna schweifen lassen. In der Zeit der Mitternachtssonne liegt dieses Panorama in einem unbeschreiblich goldenen Schein und bei einem nächtlichen Abstecher zum Aussichtspunkt sind so Gänsehaut-Momente garantiert.

Gleich unterhalb der Hochebene Dønnesfjellet lässt es sich wunderbar in die lange Geschichte der Insel eintauchen: Der 800 Jahre alte Hof Dønnes Gård war früher ein mächtiges Anwesen an der Küste Helgelands, dessen Gutsherr, Pål Vågaskalm, im 13. Jahrhundert sogar Gouverneur des Königs Håkon IV. Håkonsson war. Die benachbarte mittelalterliche Steinkirche war zunächst die Privatkirche des Hofes. Sie wurde im 17. Jahrhundert um ein Mausoleum erweitert und beherbergt dort die sterblichen Überreste von einigen Guts- und Hofbesitzern der Insel.

Dønnes Kirke symbolisiert die frühere Bedeutung von Dønna

Mehr über die Geschichte der Insel erfährt man im historischen Handelsposten Nordvika im Nordwesten von Dønna. In der Blütezeit der Insel gab es hier unter anderem ein Gästehaus, eine Schule, ein Postamt, eine nationale Telefonzentrale und einen Dampfschiff-Anleger. In den heute verbliebenen vier Gebäuden kann man in der Sommersaison verschiedene Ausstellungen oder den regelmäßig stattfindenden Flohmarkt besuchen und eine Tasse Kaffee in dem gemütlichen Wohnzimmer genießen, dessen Tapeten noch immer mit echtem Gold verziert sind.

Nur wenige Fahrminuten entfernt trifft man in der Manufaktur „Heidis Sjokoladedrøm" auf weitere kulinarische Genüsse, die in

Früher Morgen auf der Terrasse von Heidis Sjokoladedrøm

dieser Umgebung zunächst etwas exotisch erscheinen. Auf einem renovierten Dampfschiff-Anlegeplatz wurde ein wahres Paradies für Schokoladen-Fans geschaffen. Hier stellt Heidi ihre eigene Schokolade her und bietet unglaublich viele köstliche Kreationen an. Es gehört ganz sicher zu den unwiderstehlichen Versuchungen, auf dem Kai zu sitzen und ein cremiges Eis zu essen, überzogen mit lokal produzierter Schokolade und garniert mit gefriergetrockneten Himbeeren.

Eine historische Sehenswürdigkeit ganz anderer Art finden Besucher dagegen in der Siedlung Glein. Hier steht auf einem Grabhügel der größte Marmorphallus Europas. Dem 1600 Jahre alten Fruchtbarkeitssymbol brachten die Wikinger Opfer, um Reichtum und Fruchtbarkeit zu erlangen. In dem kleinen privaten Museum der Fruchtbarkeit in der Scheune des benachbarten Bauernhofes finden sich weitere Exponate vergleichbarer Symbole.

Bauernhof in Glein

Blick auf die Breivika

Krönen sollte man seinen Besuch auf Dønna mit einem Abstecher in die malerische Bucht Breivika, die an eine mythisch schöne Kulisse aus einem romantischen Hollywoodfilm erinnert. Ein strahlend weißer Sandstrand vor karibikblauem Meer und eingerahmt

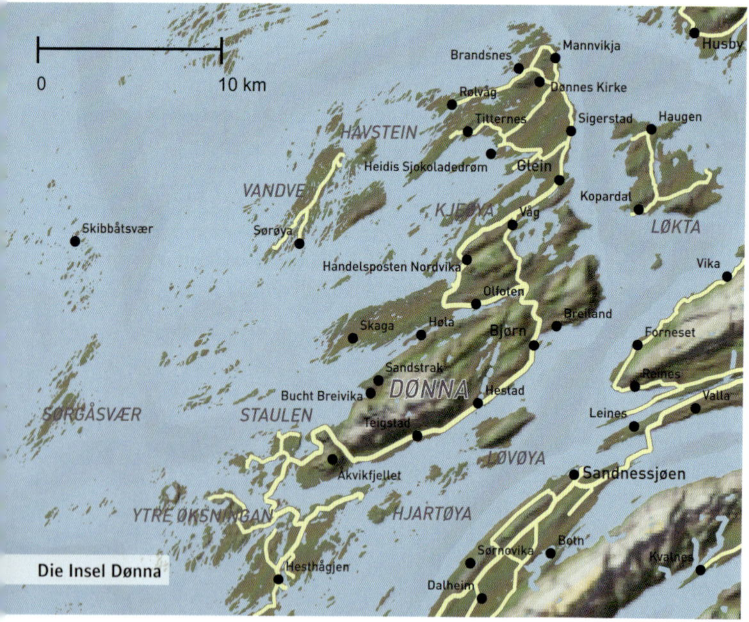

Die Insel Dønna

von steil aufragenden Bergzügen im Norden der Insel – ein Naturhighlight der besonderen Art am Ende einer allerdings etwas herausfordernden Schotterpiste. Am Südende der Breivika hat die Gemeinde Bereiche für eine Übernachtung im Wohnmobil oder Zelt eingerichtet.

INFO

Lage: Dønna liegt direkt gegenüber der Stadt Sandnessjøen an der Helgelandskysten.

Hinweis: Dønna ist vom Kystriksveien (Fv17) per Fähre ab Sandnessjøen zu erreichen und mit der Inselkommune Herøy über Brücken verbunden. Herøy selbst ist vom Festland ebenfalls mit einer Fähre zu erreichen; Fahrpläne: *reisnordland.com*

Ausgangspunkte der Wanderungen:

- Parkplatz Dønnamannen, GPS: 66.0379941, 12.3454515
- Parkplatz Åkvikfjellet, GPS: 66.0254948, 12.3085808

Einkehren:

- Dønnesfjellstua Restaurant: mit toller Aussicht und norwegischer Küche (Saisonzeit beachten!); Dønnesveie 80, 8820 Dønna, GPS: 66.203249, 12.568846
- 3 Kalver: Das renommierte Restaurant setzt auf frische, saisonale und hauptsächlich lokale Zutaten vom eigenen Hof oder der Umgebung, aus denen schmackhafte Speisen komponiert werden. Tagsüber gibt es auch hausgebackenen Kuchen; Sørvikaveien 2, 8820 Dønna, GPS: 66.105537, 12.476273

Übernachten:

- Brygga på Dønna: vermietet Zimmer und einfache Hütten; Berfjordveien 105, 8820 Dønna, *brygga.com*
- 3 Kalver: Gästezimmer, Ferienwohnungen und Stellplätze für Wohnmobile werden auf dem Bauernhof angeboten; *trekalver.no*
- Åkerøya Camping: Stellplätze für Wohnmobile; Åkerøyveien 23, 8820 Dønna, GPS: 66.166809, 12.575732

18. Nepsteinen: Helgelands Trollzunge

Größer könnte der Kontrast kaum sein: Während jährlich rund 100.000 Besucher die herausfordernde Wanderung zur weltweit populären Felszunge Trolltunga („Trollzunge") bei Odda auf sich nehmen, gilt die kaum weniger markante Felsformation Nepsteinen in Helgeland derzeit noch als echter Insider-Tipp.

In einer Höhe von rund 400 Metern über dem Ranfjorden garantiert der atemberaubende Felsvorsprung Nepsteinen im wahrsten Sinne des Wortes eine schwindelerregende Aussicht. Immerhin

Nepsteinen – 400 Meter über dem Fjord

ragt die bizarre Felsformation auf nahezu furchteinflößende Weise scheinbar ins Nirgendwo und ist somit ein perfektes Wanderziel für dramatische Fotos. Auch deshalb wird der Nepsteinen von den Einheimischen gern als „ihre“ Antwort auf die weltweit populäre Trollzunge in Fjordnorwegen angesehen.

In jedem Fall kann der bislang kaum bekannte Felsen eine beeindruckende Vielzahl existenter geografischer Bezeichnungen für sich in Anspruch nehmen: Nepsteinen, Nebbsteinen, Næpsteinen, Nipa oder Næpa sind dabei die gängigsten Namen für diese Felszunge in Helgeland.

Ausgangspunkt der etwa 13 Kilometer langen Wanderung ist der Parkplatz bei der Kirche in Bardal, einem charmanten Dorf, das nur 15 Fahrminuten vom Kystriksveien (Fv17) entfernt liegt. Vom Parkplatz folgt man zunächst dem gut erkennbaren und ausgeschilderten Weg zum Hausberg der Gemeinde, dem Brensla, von dessen Gipfel sich bereits ein erster überwältigender Blick auf den türkisblau leuchtenden Ranfjorden genießen lässt.

Im weiteren Verlauf verläuft die fortan nur noch sporadisch markierte Route über eine Hochebene mit Wäldern, Wiesen, Felsen und Hochmooren. Zwischen Wollgrasfeldern spiegeln sich Wolken in klaren Tümpeln – eine faszinierende, abwechslungsreiche und oft unberührte Landschaft, die schon die Wanderung selbst zu einem unvergesslichen Erlebnis macht.

Blick über den Ranfjorden nach Mo i Rana

Nach einer rund zweistündigen Wegstrecke öffnet sich das Gelände abermals und gibt so einen spektakulären Blick über die Ausläufer des Ranfjorden frei, der sich hier ins Landesinnere verzweigt und im weiteren Verlauf bis nach Mo i Rana reicht. Nur wenige Meter unterhalb dieses Aussichtspunkts ragt der Nepsteinen auf einzigartige Weise über den Fjord und wer schwindelfrei ist, kann sich an die Felskante setzen oder sogar ein ungewöhnliches Picknick in luftiger Höhe wagen.

Sobald man nach Bardal zurückgekehrt ist, empfiehlt sich eine verdiente Stärkung in der 1870 erbauten und ursprünglich hergerichteten Wangbrygga. Deren rot leuchtende Holzhäuser neben der Brücke im Dorfkern sind kaum zu verfehlen und versprechen einen angenehmen Aufenthalt in den urigen Innenräumen oder auf der Terrasse am Wasser. Die alte Handelsstätte wurde 1993 komplett renoviert und ist heute ein Teil des Helgeland-Museums, das in der Galerie einige Ausstellungen präsentiert und einen originalen Landhandel zeigt. Im Sommer werden hier leckere Speisen serviert und besonders die hausgebackenen Zimtknoten sind eine verlockende Versuchung, der man einfach nicht widerstehen kann …

Wangbrygga in Bardal

INFO

Lage: Der Nepsteinen befindet sich etwa eine Autostunde nördlich von Sandnessjøen, unweit des Dorfes Bardal.

Wanderung:

- Länge: 13 Kilometer komplett; Anstieg: etwa 380 Höhenmeter; Dauer: fünf Stunden (gesamte Wegstrecke). Die beste Zeit für diese Wanderung ist von Mai bis Mitte Oktober; Ausgangspunkt: GPS: 66.218328, 13.386738.

Hinweis: Übersichtskarte und GPX Daten über QR Code auf *Nordlandblog.de*

19. Insel Tomma: Naturparadies wie eine Filmkulisse

Die Insel Tomma zählt zweifellos zu den faszinierendsten Naturformationen und bezauberndsten Zielen entlang des Kystriksveien (Fv17) – ein wahres Kleinod landschaftlicher Schönheit, abseits der ausgetretenen Pfade und nur eine kurze Fährpassage von der Helgelandskysten entfernt.

Rund 40 Minuten benötigt die Autofähre vom Fähranleger in Nesna auf dem Festland bis zum Kai bei Mjåsundet auf der Insel Tomma – einem nur rund 49 Quadratkilometer großem Eiland, dessen besonderer landschaftlicher Reiz bereits während der Überfahrt auszumachen ist. Drei schroffe Berggipfel prägen die weithin sichtbare und zurecht beeindruckende Silhouette: Der Tomskjevelen, ein beliebtes Wanderziel, erreicht eine Höhe von 922 Metern, gefolgt vom 818 Meter hohen Breitinden, lokal auch Tomtinden genannt, und dem 803 Meter hohen Breitomma.

Der Tomskjevelen glüht im Abendlicht

Diese Bergformationen erheben sich scheinbar direkt aus dem Meer, gesäumt von seichten, karibikblau schimmernden Küstengewässern vor kreideweißen Stränden. In den Tälern, die Tomma durchfurchen, dominiert das satte Grün einer reichhaltigen Flora, sodass man sich an ein fernes Inselparadies aus einem exotischen Reisekatalog erinnert fühlt. Eine unglaublich abwechslungsreiche Natur von ausgesuchter Schönheit auf engstem Raum, die es zu entdecken und zu erkunden gilt.

Oberhalb des Fähranlegers führt eine Straße auf die Halbinsel Alsøy, die mit ihren flachen Ackerflächen eher untypisch für Tomma ist und damit wie ein Fremdkörper inmitten der restlichen Szenerie wirkt. Aufgrund dessen ist sie aber ein beliebtes Ziel für Radfahrer und lädt zugleich kulturbegeisterte Besucher in die Galerie Rita in einem 200 Jahre alten Nordlandhaus ein, wo es im Sommer sehr leckere Zimtschnecken gibt.

Westküste von Tomma

Entlang der Straße Fv384, die fast die gesamte Insel umrundet, liegt Husby. Dieser historische Handelsort für Fischer auf der Route zwischen Bergen und den Lofoten ist heute das Zentrum der Insel mit dem einzigen Lebensmittelgeschäft. Nur wenige Fahrminuten entfernt liegt im Südwesten der Insel die Bucht Tomsvika mit zahlreichen vorgelagerten Schären und Inseln, deren versteckte Sandstrände man am besten auf einer Tour mit einem Kajak entdecken kann – in den Sommermonaten ein wahres Paradies für Wassersportler.

Die Westseite Tommas wird von den charakteristischen Bergkuppeln Eidabelgen dominiert, die den mythischen Charakter der Landschaft nur verstärken. In dieser Umgebung sind die schroffen Felsformationen durch einige Höhlen gekennzeichnet und bieten bereits aus geringer Höhe sagenhafte Aussichten bis hinüber nach Træna und Lovund sowie über die blendend weißen Strände, während im Landesinneren kleine Bergseen in der

Enzian-Art auf Tomma

Die Kuppeln Eidabelgen erinnern an ein Hobbitland

Sonne glitzern und einige Bäche mit winzigen Wasserfällen eine fast südländisch anmutende Vegetation gedeihen lassen. Unberührte Natur, eine wahre Wildnis von übermächtiger Schönheit, die man auf einer kurzen Wanderung fernab markierter Wege entdecken kann. Mit etwas Glück lässt sich dabei ein majestätischer Adler am Firmament oder eine Gruppe Schweinswale in den Küstengewässern beobachten, denn Tomma ist auch für seine reiche Tierwelt bekannt.

Im Nordwesten der Insel liegt Finnvika mit einigen Sandstränden, Sanddünen und dichten Wäldern, wie zum Beispiel im malerischen Finnvikdalen, wo man vom Parkplatz neben der Straße einem breiten Wanderweg zu einem Stausee in den Bergen folgen kann. Etwas nördlicher, in Valvika, endet die befestige Straße 7384 und führt im weiteren Verlauf als Schotterpiste nach Sellåt, einer unscheinbaren Ansiedlung in der rauen und windgepeitschten Landschaft unterhalb des steil abfallenden Tomskjevelen.

Forsland im Osten von Tomma gilt als Ausgangspunkt der Wanderung auf den Tomskjevelen. Dazu folgt man zunächst einer Steintreppe bis zum Bergsee Forslandsvannet und im weiteren Verlauf dem ausgewiesenen Aufstieg zum Gipfel, der im Winter ein beliebtes Ziel für Skitouren und im Sommer eine spektakuläre, aber einfache Gipfeltour ist. Von der Spitze aus hat man bei klarer Sicht einen grandiosen Ausblick bis zu den Lofoten und der Insel Leka.

In südlicher Richtung zeichnet sich die östliche Küste von Tomma durch einen schmalen, größtenteils bewaldeten Landstreifen aus, der förmlich eingezwängt zwischen dem Meer und steilen Bergen liegt. Hier lassen sich fast ganzjährig Rentiere beobachten, die regelmäßig neben der Straße grasen.

Die Westküste von Tomma ist ein perfekter Platz für die Nordlicht-Beobachtung

INFO

Lage: Tomma liegt im Schärengarten von Nesna an der Helgelandskysten.

Aktivitäten:

- Gallerie Rita: Die Galerie lädt zum Besuch ein; *facebook.com/GulleriRita68*
- Auf der Insel besteht die Möglichkeit, Fahrräder und Kajaks auszuleihen.

Übernachten: Die Möglichkeiten auf der Insel zu übernachten sind leider begrenzt und es gibt keinen offiziellen Campingplatz.

- Ferienhäuser bei einem lokalen Anbieter; *tomma.no*
- Hausboote mieten: spektakuläre Übernachtungen auf den Gewässern um die Insel; *havhus.no*

Versorgung: Neben einen kleinen Lebensmittelladen gibt es am Fähranleger in den Sommermonaten ein Imbissrestaurant.

Websites:

- *tomma.no*
- Autofähre, Schnellboot ab Nesna; *reisnordland.com*

Nördliche Helgelandskysten

Corbels Canyon – Fabelwelt aus Wasser und Stein

Nördliche Helgelandskysten

20. Inselreich Træna: Aloha auf Husøy
21. Sanna: Insel voller Geschichte(n)
22. Insel Lovund: Das Wunder von Lovund
23. Tonnesgrotta: 180 Meter tief im Berg
24. Myken: Dramen, Whisky und Visionen
25. Hestmannen: Wanderung zum unverkennbaren Gipfel
26. Aussichtspunkt Seiskallåfjellet: 600 Meter über dem Nordfjord
27. Insel Rødøy: Die wahrscheinlich schönste Aussicht der Helgelandskysten
28. Insel Åmøya: Camping wie im Paradies
29. Corbels Canyon: Die unbändige Kraft des Wassers

Bodø - Bådåddjo
Sørfugløy
Inndyr
Reipå
Glomfjord - Klubmávuodna
Åmøya
Hälsa
Láhko National Park
Myken
Myken
RØDØY
Rødøy
NORDLAND
Selvær
Melfjordbotn
SANNA
HUSØY
Træna
Tonnes
Konsvikosen
Lurøy
Lovund
Mo i Rana
Utskarpen
E6
Hemnesberget
Bardal
HUGLA
Bjerka
DØNNA
Sandnessjøen
Granmoen
0
30 km
20
21
22
23
24
25
26
27
28
29

20. Inselreich Træna: Aloha auf Husøy

Ein exotisch anmutender Archipel aus rund 400 Inseln, Holmen und Schären, weit vor der Küste des norwegischen Festlandes im Europäischen Nordmeer gelegen: In diesem rauen Paradies auf dem Polarkreis leben die „Menschen des Meeres", wie sich die knapp 500 Einwohner der Inselkommune Træna gerne bezeichnen.

Ankunft auf Husøy (Træna)

Fernab des pulsierenden Lebens auf dem Festland geht es hier „draußen" eher beschaulich zu: Auf Husøy, der Hauptinsel der Kommune Træna, wird der Tagesablauf hauptsächlich durch die sporadischen Ankünfte der Autofähren oder Linienboote vom Festland bestimmt. Dann erwacht das Dorf kurzzeitig zum Leben, werden Freunde oder Verwandte in den kleinen Hafen gebracht oder dort abgeholt, wird am Kai auf die Post oder bestellte Ware gewartet, bevor sich wieder eine friedliche Ruhe über die ganze Insel legt. Der harmonische Eindruck wird vervollständigt durch die farbigen Holzhäuser, die den Hafen säumen und eine perfekte Kulisse für diese Szenerie bilden.

Unweit vom Fähranleger heißt ein erstes, fast obligatorisches Fotomotiv die Besucher willkommen: Eine stilisierte Erdkugel markiert den Verlauf des Polarkreises, den man hier überquert. Direkt gegenüber kann man neben dem einzigen Supermarkt der

Insel parken und die kleine „Inselhauptstadt“ entspannt zu Fuß erkunden. Nur wenige Schritte entfernt befindet sich die 1773 erbaute Holzkirche, die von Jørgen Coldevin entworfen wurde. Das weiße Gotteshaus mit dem kreuzförmigen Grundriss kann während der Öffnungszeiten des Træna-Museums besichtigt werden.

Das Museum, in einem typischen Nordland-Haus aus dem Jahr 1910 untergebracht, liegt nur einen Steinwurf oberhalb der Kirche. Die Ausstellungen gewähren interessante Einblicke in die lebendige Geschichte der Inselwelt seit der ersten Besiedlung vor 9000 Jahren. In der zweiten Etage wird die emotionale Verbindung zwischen Træna und Hawaii verdeutlicht: Theodor Holmen emigrierte 1898 von Træna nach Honolulu auf Hawaii. Seine im Jahr 1901 geborene Schwester Alma erhält 1925 eine Kamera von ihm. Obwohl Alma Træna nie verlässt und sie sich nie trafen, dokumentiert Alma mit ihren Bildern das Inselleben und schickt die Aufnahmen ihrem Bruder. Der Brief- und Fototausch der beiden wird so zur persönlichen Chronik des 20. Jahrhunderts zweier Archipele auf verschiedenen Kontinenten.

In der benachbarten Touristeninformation kann man sich für die weitere Erkundung von Husøy Fahrräder ausleihen oder Tipps für Ausflüge auf die benachbarten Inseln erhalten. Alternativ gesellt man sich zu den Einheimischen im Café Aloha und lässt sich dort – ganz passend – mit einem Hawaii-Burger oder einem aromatischen Kaffee zu einem Stück hausgebackenen Apfelkuchen verwöhnen.

Café Aloha

Petter-Dass-Kapelle

Vom Café sind es nur wenige Gehminuten bis zum Wasserturm von Husøy, einem erhöhten Punkt, der ein fantastisches Panorama über die gesamte Insel und auf die felsige Skyline der Insel Sanna ermöglicht. Hier liegt ein Runenstein, dessen Inschrift Passagen der melancholisch mythischen Saga von Sanna enthält. Unterhalb des Wasserreservoirs auf dem Hügel trifft man unweigerlich auf das nächste populäre Fotomotiv dieses Archipels: Die malerische Petter-Dass-Kapelle wirkt wie eine Oase der Menschlichkeit in der weiten Landschaft am Nordmeer und ist in der Dämmerung besonders schön anzuschauen.

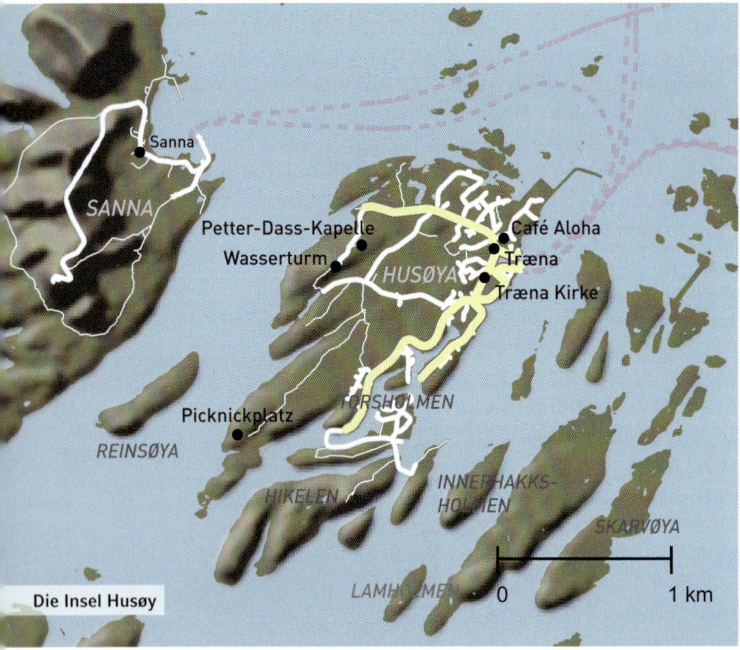

Die Insel Husøy

Ein Muss ist die erlebnisreiche Küstenwanderung auf der Halbinsel Heirsan. Auf dem Pfad oberhalb der Klippen erreicht man eine verborgene Bucht mit einem einladenden Picknickplatz und einer Feuerstelle. Auf den benachbarten Felsen ist die Silhouette eines Elches auszumachen – eine Skulptur in Erinnerung an den Elch „Tare", der 2011 vierzig Kilometer über den Trænafjord schwamm und somit Trænas erster und letzter Elch war.

INFO

Lage: Die Inselkommune Træna befindet sich etwa 65 Kilometer von der Helgelandskysten entfernt im Nordeuropäischen Polarmeer.

Aktivitäten: Das älteste Bootshaus auf Træna wurde 2016 zur Sauna umgebaut und bietet Besuchern nach vorheriger Reservierung ein Wellness-Erlebnis direkt am Meer.

Einkehren:

- Aloha Café : Hier werden neben Kaffee und Kuchen auch Hauptspeisen wie Fish and Chips, Hawaii-Burger sowie leckere Salate angeboten; Janesvågen 32, 8770 Træna, GPS: 66.502935, 12.099047
- Havfolkets Hus: Das Restaurant, direkt am Pier gelegen, ist im Sommer täglich geöffnet und für seine Spezialitäten aus dem Meer bekannt; Fylkesveg 421 2580, 8770 Træna, Norwegen; GPS: 66.500843, 12.101082

Übernachten:

- Auf Husøy gibt es einen Zeltplatz, der während des Træna-Festivals bewirtschaftet wird. Für Wohnmobile gibt es dort einige Stellplätze; GPS: 66.503325, 12.088783.
- Hotel Træna Overnatting: Das alte Rathaus in Hafennähe wurde zum Hotel umgebaut; Kubbhågen 13, 8770 Træna, *trenaovernatting.no*

Websites:

- *tenktraena.no*
- Autofähre, Schnellboot: *reisnordland.com*

21. Sanna: Insel voller Geschichte(n)

Kann die atemberaubende Schönheit des sagenumwobenen Eilands wirklich natürlichen Ursprungs sein? Das charakteristisch geformte Bergmassiv Trænfjellene verleiht der Insel ihr unverwechselbares Profil und dient seit jeher als markanter Orientierungspunkt für Seefahrer.

Nicht nur die märchenhafte Aura von Sanna fasziniert ihre Besucher, auch die zahlreichen, zum Entdecken einladenden Grotten beflügeln seit jeher die Fantasie. Diese geheimnisvollen Höhlen sind der Ursprung vieler Geschichten über wundersame Kreaturen und übernatürliche Kräfte. Kirkhelleren, die größte und bekannteste dieser Grotten, wird aufgrund ihrer spitzen Form und enormen Größe auch als „Kathedrale des Meeres" bezeichnet. Eine altarähnliche Felsformation inmitten der Höhle verstärkt diesen Eindruck. Archäologische Funde zeigen, dass die Grotte schon vor 9000 Jahren genutzt wurde. Später diente sie Seeräubern als Unterschlupf und war Schauplatz ritueller Zeremonien. Heute ist Kirkhelleren dank seiner beeindruckenden Akustik ein beliebter Ort für exklusive Konzerte. Renommierte norwegische Künstler

Kirkhelleren beeindruckt mit seiner Größe

wie Wardruna und Sivert Høyem traten hier bereits beim Træna-Festivalen auf. Die Grotte ist nach einem kurzen Fußmarsch auf einem gut ausgeschilderten Weg zu erreichen.

Wanderweg auf den Gompen

In gleicher Weise verspricht die Wanderung auf den Inselberg Gompen unvergessliche Erlebnisse und überdies eine unglaubliche Aussicht über Sanna und weitere Inseln. Der Aufstieg erfolgt durch einen ehemals militärisch genutzten, unbeleuchteten Tunnel, der sich rund einen Kilometer direkt durch das Bergmassiv schlängelt – ein Abenteuer, bei dem eine Taschenlampe unverzichtbar ist. Auf dem Gipfel des Gompen befindet sich eine NATO-Station, deren Areal nicht betreten werden darf. Dennoch ist ein atemberaubender Blick über den Træna-Archipel garantiert.

Die letzten Häuser auf Sanna

Sanna im Schein der aufgehenden Sonne

Eine ganz andere Perspektive bietet eine Wanderung rund um die Insel. Auf dem ausgewiesenen Kjærlighetsstien, der immer an der Küste entlangführt, lässt sich Sanna gut umrunden – eine Tour die bei Einheimischen und Besuchern gleichermaßen beliebt ist.

Ein besonderer Ort zum Entspannen ist hingegen der Nordstrand, dessen feiner weißer Sand ebenso wie das klare Wasser zu einem Strandtag einlädt. Einmal mehr fühlt man sich inmitten dieser Szenerie eher an tropische Südseestrände als an Norwegen erinnert. In der kleinen Bucht ist es Besuchern auch erlaubt, ihr Zelt aufzuschlagen. Besonders im Sommer, wenn das warme Licht der Mitternachtssonne oder ab Ende August die magischen Nordlichter den Himmel erhellen, wird ein Aufenthalt hier zum unvergesslichen Erlebnis.

Heute leben nur noch zwei feste Einwohner auf Sanna. Nur in den kurzen, aber intensiven Sommern des Nordens erwacht die Insel zum Leben, wenn die Besitzer der Sommerhäuser und einige Touristen sowie Festivalgäste Sanna besuchen.

INFO

Lage: Sanna ist die Nachbarinsel von Husøy, der größten Insel im Træna-Archipel, der etwa 65 Kilometer vor dem norwegischen Festland im Polarmeer liegt.

Hinweis: Sanna ist nur mit dem Linienboot von der Hauptinsel Husøy zu erreichen. In der Nebensaison muss die gewünschte Überfahrt am Tag zuvor angekündigt werden; *reisnordland.com*

Einkehren:

- Grendahus: wetter- und saisonabhängig geöffnetes Café, wo ein Ortsverein zu bestimmten Zeiten einen kleinen Imbiss oder Kaffee und Kuchen offeriert; Sanna 112, 8770 Træna, GPS: 66.507807, 12.053809,

Übernachten: Übernachtungen sind nur im eigenen Zelt auf den Wiesen am Nordstrand möglich; GPS: 66.509974, 12.056097.

22. Insel Lovund: Das Wunder von Lovund

Das malerische Eiland Lovund, Heimat von rund 500 Einwohnern, ist ein friedvolles Inselparadies mit spektakulären Buchten und makellos weißen Sandstränden. Mitten im rauen Nordatlantik bietet es unzähligen Seevögeln ein sicheres Zuhause und gilt daher als „die" Vogelinsel Nordnorwegens.

Bereits die Überfahrt vom Fährhafen Stokkvågen zur bezaubernden Insel Lovund ermöglicht aus der Ferne einen ersten, unvergesslichen Blick auf das markante Bergmassiv Lovundfjell, das an einen Tafelberg erinnert. Während mit dem Einlaufen der Fähre in den Hafen von Lovund reges Treiben herrscht, legt sich nach dem Ablegen sofort wieder eine spürbare Ruhe über die Insel vor der Helgelandskysten.

Doch alljährlich im April befindet sich die kleine Insel regelrecht im Ausnahmezustand, denn dann strömen zahlreiche Besucher aus dem ganzen Land nach Lovund, um gemeinsam mit den Insulanern dem sogenannten Lundkommardagen beizuwohnen. Denn jedes Jahr genau am 14. April besuchen ganz besondere Gäste die Insel:

Das Zentrum von Lovund

Abertausende Papageitaucher kommen gleichzeitig von ihrem Winterquartier auf dem Meer zu den Brutplätzen auf Lovund. Wie eine dunkle Wolke und mit viel Lärm erreichen die putzigen Seevögel die Insel, die sie in der Umgebung von Lundeura in den nächsten Monaten bevölkern, um in kleinen Höhlen zu nisten und dort ihren Nachwuchs aufzuziehen.

Papageitaucher posieren gerne für die Fotografen

Dieses imposante Schauspiel hat sich mittlerweile zu einem wahren Volksfest auf der Insel entwickelt. Das einzige Hotel der Insel ist zu diesem Zeitpunkt immer weit im Voraus ausgebucht, da neben den zahlreichen Touristen auch viele Ornithologen die Insel besuchen. Denn bis heute können Wissenschaftler dieses seltene Naturphänomen nicht erklären: Wie schaffen es die drolligen Seevögel, immer wieder genau an diesem Tag zu ihren Brutplätzen zurückzukehren? Und so liegt weiterhin an jedem 14. April der Mythos des „Wunders von Lovund" über der nordnorwegischen Insel.

Wer mit der Fähre auf Lovund ankommt, erreicht in fußläufiger Entfernung vom Hafen das spitze Gebäude des Küstenkultur-Zentrums von Lovund. Das Zentrum mit seinen Ausstellungen gehört

Mehrmals täglich kommt das Linienboot vom Festland

zum Helgeland-Museum und vermittelt Besuchern Einblicke in das frühere Leben auf dem Eiland sowie in die lange Tradition des Bootsbauerhandwerks. Nicht weit entfernt vom Museum befindet sich Emaus Pub & Spiseri, wo man unbedingt einen der köstlichen, teils exotisch anmutenden Burger, die hausgemachte Pizza oder frisch gefangenen Fisch mit Pommes probieren sollte. Eine perfekte Begleitung dazu wäre vielleicht ein Bier, das man aus etwa 250 verschiedenen Sorten wählen kann.

The Coast Kaffeerösterei auf Lovund

Ein absolutes Muss ist ein Besuch in der urigen Kaffeerösterei The Coast Coffee an der Hamnholmen Brygge! Hier werden die Besucher vom betörenden Aroma frisch gerösteten Kaffees empfangen, den man in dem gemütlichen Café in Kombination mit einem leckeren Stück Kuchen genießen kann. Außerdem beherbergt das Gebäude ein informatives Museum mit einer Ausstellung verschiedener Bootsmotoren.

Ein weiteres kulinarisches Highlight erwartet Feinschmecker im Restaurant des Lovund Hotels. In der Pianostube werden exklusive Drei- bis Fünf-Gänge-Menüs aus erlesenen Zutaten serviert, begleitet von Empfehlungen erfahrener Sommeliers für den passenden Wein – ein echtes Highlight und ein perfekter Ort, um einen ganz besonderen Augenblick zu zelebrieren.

Zusätzlich zu den gastronomischen Freuden ermöglicht Lovund verschiedene Outdoor-Aktivitäten, die einen Aufenthalt in der Inselwelt abrunden. So laden mehrere Badebuchten besonders in den warmen Monaten zum Entspannen ein. Ausflüge mit dem Kajak oder auf einem SUP-Board ermöglichen eine einzigartige Perspektive auf die Insel und Erkundungen auf dem Wasser.

Eine der vielen empfehlenswerten und gut markierten Wanderrouten führt zu einer Schutzhütte mit Feuerstelle oberhalb des herrlichen Traumstrandes in der Bucht Hestvika. Dort kann man wind- und wettergeschützt den majestätischen Seeadlern bei ihren Beutezügen zuschauen, sich aufwärmen oder ein unvergessliches Picknick am gefühlten Ende der Welt genießen – ein wahrer Traum!

Schutzhütte auf Lovund

Das Lovundfjellet markiert die Silhouette der Insel

Für erfahrene Wanderer bietet sich eine ebenso beliebte wie anspruchsvolle Tour auf das spektakuläre Lovundfjell (623 Meter über dem Meeresspiegel) an. Doch auch ohne diese Herausforderung lässt sich Lovund auf zauberhafte Weise entdecken: Entlang schroffer Klippen oberhalb der wundervollen Küste gelangt man auf einer familienfreundlichen Wanderung zu einer weiteren Schutzhütte oberhalb der Bucht Nøvvika im Süden der Insel. Bei dieser Tour erwartet die Wanderer eine kuriose Entdeckung: Auf einer Klippe hat man den Abschlagbereich eines Golfplatzes nachempfunden, denn das Abschießen von Golfbällen aus Fischfutter ins Meer ist eine unter den Inselbewohnern äußerst beliebte Freizeitaktivität. Die notwendige Ausrüstung für dieses unkonventionelle Vergnügen erhält man leihweise im Hotel Lovund.

Blick auf die Bucht Hestvika

Abschlagplatz für Golfbälle aus Fischfutter

INFO

Lage: Die Vogelinsel Lovund liegt etwa 40 Kilometer vor der Helgelandskysten.

Hinweis: Die beste Zeit für einen Besuch dieser Inselwelt ist im April (Lundkommardagen) sowie in den Sommermonaten.

Einkehren:

- The Coast Coffee an der Hamnholmen Brygge: serviert frisch gerösteten Kaffee und Kuchen; Hamnholmveien 42, 8764 Lovund, GPS: 66.372335, 12.358405
- Emaus Pub & Spiseri: bietet seinen Gästen Burger, Pizza sowie Fish and Chips; Vednesveien 7, 8764 Lovund, GPS: 66.369498, 12.364063
- Lovund Hotell: Im Restaurant des Hotels wird man mit erlesenen Gerichten verwöhnt; Lundvollveien 21, 8764 Lovund, GPS: 66.369453, 12.355581

Übernachten:

- Lovund Hotell: Hotelzimmer im Neubau oder in renovierten Fischerhäusern; *lovund.no/hotellrom-og-rorbuer*
- Ein offizieller Campingplatz existiert auf Lovund leider nicht.

Websites:

- *lovundinfo.no*
- Autofähre, Linienboot: *reisnordland.com*

23. Tonnesgrotta: 180 Meter tief im Berg

Über viele tausend Jahre hat die Kraft der Natur diese steinerne Kathedrale in den Bergen oberhalb des Hafenortes Tonna geschaffen – eine farbenfrohe Wunderwelt im steilen Hang des Hellarnakkan.

Explosion der Herbstfarben an einem Strand bei Tonna

Um Irritationen vorzubeugen: Wie für viele andere Orte in Norwegen existieren auch für die Grotte bei Tonna verschiedene geografische Bezeichnungen. So ist die Felsenhöhle sowohl als Tonnesgrotta als auch unter dem Namen Hellarhølet bekannt. Ihr Alter wird auf rund 20.000 Jahre geschätzt und archäologischen Forschungen zufolge wird sie bereits seit vielen Jahrhunderten durch die Menschen in der Region genutzt. Einige Überlieferungen berichten sogar davon, dass in der Grotte früher Opferrituale abgehalten und andere spirituelle Zeremonien veranstaltet wurden. Später diente die Grotte eher praktischen Tätigkeiten, hier wurden Häute gegerbt und Seile geflochten sowie Gegenstände getrocknet.

Mittlerweile hat sich die Tonnesgrotta bei den Einheimischen hauptsächlich als beliebtes Wanderziel etabliert. Die mineralhaltigen, teils bemoosten Felswände schimmern in unzähligen Farben und verleihen dem Ort einen besonderen Reiz. Fotografen sollten daher ihr Stativ nicht vergessen.

Ein kleiner Parkplatz, zugleich der Ausgangspunkt dieser markierten Wanderroute, befindet sich gleich neben der Ortsstraße, die Tonnes mit der Küstenstraße Kystriksveien (Fv17) verbindet. Weitere Parkplätze gibt es in dem schräg gegenüberliegenden Bootshafen. Die erste Etappe dieser Wanderung folgt einem Feldweg, der auf einem moderaten Anstieg sanft in die Höhe führt. Nach rund 300 Metern erreicht man einen Abzweig. Hier hält man sich links und steigt fortan auf einem schmalen, nun etwas steileren Pfad zum Eingang der Grotte hinauf. Insbesondere bei Nässe kann dieser Abschnitt anspruchsvoll sein und daher ist für diese Tour gutes Schuhwerk angeraten.

Hier geht es in die Tonnesgrotta

Nach rund 200 Metern Wegstrecke steht man vor dem riesigen, 60 Meter hohen Eingang in die Tonnesgrotta. Für den steilen Anstieg wird man überdies mit einem fantastischen Blick über Tonnes, den Hafen und die vorgelagerten Inseln belohnt. Sobald man

Unzählige Farben verzaubern die Wunderwelt im Berg

die Höhle betritt, ist jedoch Vorsicht geboten, denn es existieren keine Sicherungen und gerade im Frühling kann es nach den Winterfrösten immer wieder zu Steinschlägen kommen. Daher erfolgen alle Aktivitäten in der frei zugänglichen Höhle auf eigene Gefahr – wobei man sich in der Tonnesgrotta zumindest nicht verlaufen kann. Die großräumige Felsenhalle ist gut überschaubar und durch das reichlich einfallende Tageslicht erhellt. Es gibt überdies keine engen Passagen oder gar ein Labyrinth, in dem man sich verirren könnte.

Markantes Portal der Tonnesgrotta

Wer ganz hoch hinaus und einen freien wie auch imposanten Blick über die gesamte Küstenlandschaft genießen möchte, sollte dem schmalen Pfad rechts der Eingangsöffnung der Grotte weiter hinauf zu einem oberhalb liegenden Gipfel folgen. Diese extrem steile Passage ist allerdings stellenweise etwas luftig und ausgesetzt, sodass hier eine sichere Distanz zur Abbruchkante eingehalten werden sollte.

Vom Eingang der Tonnesgrotta reicht der Blick bis nach Sanna

INFO

Lage: Tonnesgrotta liegt an der Helgelandskysten zwischen Stokkvågen und Kilboghavn.

Wanderung:

- Ausgangspunkt Parkplatz, GPS: 66.512259, 13.018562
- Die beste Zeit für diese kurze Wanderung ist an trockenen Tagen in den Monaten Mai bis Oktober.

Übernachten:

- Oscar Brygga: idyllische Fischerhütten zur Vermietung; Tonnesveien 311, 8750 Tonnes, *oscarbrygga.no*
- Der Verein Kvina Båtforening bietet auf dem neuen Hafen-Areal von Tonna zwölf Wohnmobil-Stellplätze sowie Ver- und Entsorgungsmöglichkeiten; *kvinabaatforening.no*

24. MYKEN: DRAMEN, WHISKY UND VISIONEN

32 Kilometer vom Festland entfernt, weit im Westen Norwegens, liegen die rund 40 Inseln und Holme des Myken-Archipels inmitten des zumeist rauen Polarmeeres. Wer sich als Tourist dennoch auf den Weg dorthin macht, wird mit unvergesslichen Eindrücken, faszinierenden Geschichten und der Bekanntschaft einer einzigartigen Gemeinschaft zurückkehren.

Blick über Myken

Die wechselhafte und oft dramatische Geschichte von Myken sowie ihren Bewohnern erzählt von Aufschwung, Niedergang, Verfall, Hoffnung und Aufbruch – wie in so vielen anderen abgelegenen Fischerdörfern entlang der norwegischen Küste. Nachdem 1628 erstmals der Wohnsitz einer Familie auf Myken registriert wurde, erlebte die autofreie Insel in den Folgejahren einen regelrechten Aufschwung. Durch den Fischreichtum und die Lage vor den Lofoten boomte die Fischerei und bot bis in die 1970er-Jahre den rund 150 Bewohnern ein auskömmliches Leben.

Ein Gedenkstein erinnert heute jedoch an ein folgenschweres Unglück, das schlagartig den Niedergang der bis dahin prosperierenden Inselgemeinde einläutete: Im Februar 1981 sank der Fischkutter „Western" und alle sieben Besatzungsmitglieder kamen dabei ums Leben. Als fünf Jahre später auch noch die Fischfarm niederbrannte, schien das Schicksal von Myken besiegelt. Zuerst schloss der einzige Laden, etwas später wurde der Schulbetrieb eingestellt und mehr als die Hälfte der verbliebenen Einwohner verließ die Insel. Das einst stolze Myken wurde zunehmend gezeichnet von Elend, Landflucht und Niedergang. In den 1980er- und 1990er-Jahren legte sich eine regelrechte Lethargie über der Insel, nur eine Handvoll hartgesottener Insulaner harrte noch aus und die Häuser verfielen zusehends.

Aus Sicht der zurückgebliebenen Einwohner und einiger zuvor abgewanderter „Mykenværinger" ein unhaltbarer Zustand. Also machten sich „unverbesserliche" Idealisten und Visionäre daran, um das Überleben der Inselkommune zu kämpfen, Ideen und Projekte für die Zukunft zu entwickeln und den negativen Trend umzukehren. Sie hatten Erfolg und konnten ihre Träume realisieren: Häuser wurden renoviert, Mitstreiter ebenso wie neue Inselbewohner gesucht und Myken so neues Leben eingehaucht.

2005 öffnete dann sogar der Laden „Myken Handel" wieder – betrieben von dem isländischen Ehepaar Kristin Arnadottir und Hafsteinn Asgeirsson. Menschen aus ganz Norwegen unterstützen als Kleinaktionäre den Dorfkonsum, damit er als wichtiger Inseltreffpunkt erhalten bleibt und unabhängig seiner Umsätze überleben kann. Wenn man während der zweistündigen Öffnungszeit auf der Terrasse von Myken Handel einen Kaffee und eine frische Waffel genießt, kennt man nach kurzer Zeit die 15 Bewohner von Myken und eine halbe Stunde später ihre Ge-

Myken Handel – täglicher Treffpunkt der Insulaner

schichten von der rauen Magie des Archipels sowie vom oft harten Kampf gegen die Naturgewalten.

Inzwischen gibt es auf Myken sogar wieder ein Postamt, ein Museum, eine Glaskunstgalerie und als echtes Highlight eine Whiskybrennerei. Whiskybrennerei? Tatsächlich: Was zunächst im wahrsten Sinne des Wortes als Schnapsidee erschien, wurde nach rund drei Jahren Wirklichkeit. Zwölf Enthusiasten taten sich zusammen und eröffneten in den Gebäuden einer stillgelegten Fischhalle die wohl abgelegenste und eine der nördlichsten Whiskydestillerien der Welt. Mittlerweile ist Myken Whisky längst mehr als ein Geheimtipp und hat sich über die Grenzen Norwegens hinaus einen Namen gemacht. Die Destillerie profitiert von einer elementaren Zutat, die auf Myken im Überfluss vorhanden ist: Zeit. Hier darf der Whisky reifen und entwickelt seinen einzigartigen Charakter ebenso wie die Menschen, die hier leben ...

Whisky aus einer der nördlichsten Whiskydestillerien der Welt

Neben Führungen mit Verkostungen in der Destillerie werden in den Sommermonaten auch Yogakurse, Angeltouren, Kochkurse und eine Vielzahl kultureller Highlights angeboten. Wer sich aktiv betätigen möchte, kann die Inselwelt mit einem ausgeliehenen Kajak oder einem Boot erkunden, über die Felsen wandern oder im Meer angeln. Nach einem perfekten Tag auf Myken schmecken die Fisch- und Meeresfrüchte-Variationen im Restaurant Fiskebruket am besten. Aber auch für die Übernachtung hält Myken ein ausgefallenes Angebot bereit, das einen unvergesslichen Aufenthalt verspricht: Im restaurierten Leuchtturm Myken fyr kann man quasi auf seiner eigenen Insel mitten im Polarmeer übernachten. „Meer" geht nicht ...

Im Leuchtturm Myken Fyr kann man übernachten

INFO

Lage: Myken liegt im gleichnamigen Archipel rund 30 Kilometer vor der Helgelandskysten.

Hinweis: Myken ist nur mit dem Linienboot vom Hafen in Tonnes zu erreichen; *reisnordland.com*

Einkehren:

- Fiskebruket: Fischrestaurant direkt über der Whiskydestillerie; Mykenveien 60, 8181 Myken, *fiskebruket.no*
- Myken Handel: Imbiss und Café im Lebensmittelladen unweit vom Hafen; Sjuløya, 8181 Myken, *mykenhandel.no*

Übernachten:

- Myken Fyr: einmalige Übernachtungsmöglichkeiten im Leuchtturm; Jutøya, 8181 Myken, *mykenfyr.com*
- Myken Apartments: bietet gleich mehrere Übernachtungsmöglichkeiten; *mykenapartments.no*

Website: *myken.no*

25. Hestmannen: Wanderung zum unverkennbaren Gipfel

Der signifikante Gipfel des Hestmannen erinnert an die Form eines Reiters auf einem Pferd und ist deshalb seit jeher von einer Vielzahl an Mythen umgeben. Laut der bekannten Helgelandssaga verkörpert der Berg für die Menschen in der Region einen versteinerten Bösewicht.

Hestmona mit Bootsanleger und dem Hestmannen

Um den spektakulären Gipfel des Hestmannen zu erreichen, ist zunächst eine Überfahrt mit der täglich verkehrenden Autofähre oder dem Linienboot vom Festland zu einer kleinen Insel vor der Helgelandskysten erforderlich. Diese Insel, bekannt unter verschiedenen Namen, erstreckt sich über die Gemeindegrenzen von Rødøy und Lurøy. Der nördliche Inselteil, Storselsøy, gehört zu Rødøy, während der südliche Inselteil, Hestmona, zu Lurøy zählt. Historische Überlieferungen deuten darauf hin, dass diese Inselteile einst zwei separate Inseln waren. Der Rückzug des Meeresspiegels führte jedoch dazu, dass sie zu einer einzigen Insel verschmolzen.

Die Insel ist heute die Heimat von etwa 50 Einwohnern, die hauptsächlich im nördlichen, deutlich flacheren Teil leben. Restaurants,

Cafés und Unterkünfte sucht man auf der Insel vergebens. Daher empfiehlt es sich, lediglich einen Tagesausflug mit dem Linienboot einzuplanen, welches täglich im südlichen Teil, auf Hestmona, anlegt. Außerdem ist die Wanderung vom Bootsanleger auf der Südseite auf den Gipfel des Hestmannen wesentlich kürzer. Bereits die Überfahrt zur Insel versetzt einen ins Staunen – es scheint kaum vorstellbar, dass man diesen steil aufragenden Berg mit der stolzen Höhe von 571 Metern tatsächlich erklimmen kann.

Vom Bootsanleger Hestmona folgt man der ruhigen Anliegerstraße in Richtung eines charmanten Bauernhofes, der sich am Fuß des Berges befindet. Der gesamte Weg ist durchweg mit Hinweisschildern zum „Hestmann" markiert und auch im weiteren Verlauf gut zu finden. An einer Gabelung vor dem Bauernhof biegt man links ab und folgt dem breiten Weg über das bäuerliche Grundstück, bevor man ein weiteres Mal in ein Waldstück abbiegen muss und der erste, zunächst moderate Anstieg beginnt. Der Wanderweg auf den Hestmannen ist durchweg sehr abwechslungsreich, wird allerdings mit jedem Höhenmeter anspruchsvoller. Schon bald ist die Baumgrenze erreicht und es werden in der Ferne die markanten Antennen einer alten NATO-Station sichtbar, die wie Wächter über der umliegenden

Aufstieg zum Hestmannen

Landschaft thronen. Das Gelände wird zunehmend felsiger und lose Steine machen das Vorankommen anspruchsvoller.

Die Passage bis zur NATO-Station ist stellenweise mit einem stabilen Seil gesichert, was einen Hauch von Abenteuer und zugleich ein Gefühl der Sicherheit vermittelt. Das Erreichen der NATO-Station wird mit einem faszinierenden Blick auf den surreal geformten Kegelberg Ambåta belohnt, den man nur von hier oben in seiner ganzen Pracht bestaunen kann. Dieser imposante Berg erscheint hier fast etwas deplatziert, wie aus einer anderen Welt, von einem anderen Planeten …

Der Kegelberg Ambåta wirkt etwas deplatziert auf Hestmona

Das Gelände der stillgelegten Militäranlage darf weiterhin nicht betreten werden und wird durch Kameras überwacht. Das nächste Teilstück der Wanderung erweist sich noch herausfordernder, doch erneut hilft ein festes Seil, um die steilsten Passagen zu überwinden. Mit dem Betreten der hölzernen Terrasse an der zweiten, höhergelegenen Antennenstation öffnet sich der Blick in weitere Richtungen. Das großartige Panorama über die zahlreichen kleinen Inseln vor der Helgelandskysten bis hinüber zum Festland wirkt fast magisch und ist nur schwer in Worte zu fassen.

An diesem Punkt haben Wanderer die Wahl, ob sie umkehren oder die letzten Höhenmeter auf den spitzen Gipfel bewältigen möchten. Deshalb ist dieser Aussichtspunkt gleichzeitig als sogenannter

Wendepunkt bekannt. Tatsächlich setzen nur die Mutigsten hier ihren Aufstieg fort und wagen sich an die letzte Passage, die bis zur Gipfelpyramide führt. Diese Strecke ist äußerst abschüssig, es gibt keine Seilsicherung und wird somit als besonders gefährlich eingestuft. Daher sind für die letzte Etappe Trittsicherheit und Schwindelfreiheit absolute Voraussetzungen. Das Ziel belohnt nicht nur mit einem weiteren erhabenen Ausblick, sondern besonders mit dem Stolz, diese letzte Etappe gemeistert zu haben.

Beim Aufstieg reicht der Blick bis nach Rødøy

INFO

Lage: Der Hestmannen befindet sich auf der Insel Hestmona im Schärengarten der Helgelandskysten.

Hinweise:

- Mit dem Schnellboot erreicht man den südlichen Inselteil und mit der Autofähre den Inselnorden; *reisnordland.no*
- Auf der Insel gibt es keine touristische Infrastruktur!

Wanderung:

- Länge: knapp sechs Kilometer komplett; Anstieg: etwa 495 Höhenmeter; Dauer: fünf Stunden (gesamte Wegstrecke). Die beste Zeit für diese Wanderung ist von Juni bis September. Ausgangspunkt: GPS: 66.519965, 12.831539
- Übersichtskarte und GPX Daten über QR Code auf *Nordlandblog.de*

26. AUSSICHTSPUNKT SEISKALLÅFJELLET: 600 METER ÜBER DEM NORDFJORD

Allen, die in der Stille der Natur Erholung suchen, sei diese wohltuende Bergwanderung zum Aussichtspunkt auf dem Seiskallåfjellet als kleine Auszeit inmitten der erhabenen und ursprünglichen Bergwelt Helgelands empfohlen.

Die Wanderung zum Seiskallåfjellet startet zunächst recht unspektakulär auf einem stetig ansteigenden, etwa zwei Kilometer langen Forstweg, bis man schließlich zu einigen idyllischen Seen gelangt. Diese Szenerie bietet, besonders wenn die Gewässer still liegen und die Sonnenstrahlen durch die Baumkronen blinzeln, perfekte Bedingungen für eindrucksvolle Fotomotive. Nachdem man sich in dieser friedvollen Umgebung eine kurze Auszeit gegönnt hat, wartet auf dem folgenden Abschnitt eine spannende Kletterpartie über Stock und Stein. Am Ende dieser etwas abenteuerlichen Passage lädt eine Bank ein, innezuhalten, sich zu erholen und die weite Aussicht über die Landschaft zu genießen.

Herbstimpressionen im Østerdalen

Anschließend muss man sich durch stellenweise morastiges Gelände kämpfen. Die ausgelegten Holzbohlen schützen offensichtlich nur sporadisch vor der Nässe, insbesondere nach regenreichen Tagen. Daher sind geeignete Wanderschuhe auf dieser Tour unerlässlich. Der durchweg mit dem typisch roten „T" markierte Weg ist gut erkennbar und führt im weiteren Verlauf zu einer urigen Jagdhütte unterhalb der Baumgrenze.

Trail zum Seiskallåfjellet

Die Hütte dient auch als Schutzhütte und ist daher nicht verschlossen, sodass man jederzeit einen Blick hineinwerfen kann. Wer mag, kann hier eine kleine Pause einlegen, sich aufwärmen, einen Kaffee kochen, eine Partie Karten spielen oder einige Dinge aus vergangenen Tagen inspizieren. An der Außenseite sind zahlreiche Jagdtrophäen angebracht. Die zahlreichen Elchgeweihe lassen vermuten, dass die Population hier besonders groß sein muss. Vielleicht trifft man mit etwas Glück sogar auf den König der Wälder?

Mit dem Erreichen der Baumgrenze wird die Landschaft weitläufiger und ermöglicht immer wieder wechselnde Aussichten auf die umliegenden Berge. Nachdem man den See Nordfjordtjørna passiert hat, steigt der Pfad erneut an und das Gelände wird felsiger. In diesem Terrain fällt es mitunter schwer die nächste Wegmarkierung auszumachen.

Doch dann, plötzlich und ziemlich unerwartet, steht man nach rund fünf Kilometern auf einer Erhöhung und blickt tief in die Schlucht des Nordfjordes, der einige hundert Meter tiefer diese Landschaft förmlich durchtrennt. In der Ferne liegt der gewaltige Gletscher Svartisen wie eine Dekoration aus leuchtendem Eis auf den mächtigen Bergen. Eine Szenerie, die jeden Gipfelstürmer zwangsläufig ins Staunen versetzt. Wer von dieser Landschaft nicht genug bekommen kann, hat die Möglichkeit, diese Tour als XXL-Version zu einem Rundweg über das Tømmernesfjellet zu kombinieren.

Der Nordfjord mit dem Svartisen im Hintergrund

Geschafft!! Als Belohnung gibt es diesen Blick über den Nordfjord

INFO

Lage: Das Seiskallåfjellet befindet sich etwa 120 Kilometer nordwestlich von Mo i Rana und ist über den Kystriksveien (Fv17) zu erreichen.

Wanderung:

- Ausgangspunkt, GPS: 66.621939, 13.454207
- Länge: zehn Kilometer komplett; Anstieg: etwa 650 Höhenmeter; Dauer: vier bis fünf Stunden (gesamte Wegstrecke). Die beste Zeit für diese Wanderung ist von Anfang Juni bis September.
- Übersichtskarte und GPX Daten über QR Code auf *Nordlandblog.de*

27. Insel Rødøy: Die wahrscheinlich schönste Aussicht der Helgelandskysten

Vom Gipfel des Rødøyløva eröffnen sich atemberaubende Panoramen: kreideweiße Strände säumen die zerklüftete Küstenlinie, während in der Ferne die majestätische Lofotenwand und der idyllische Vega-Archipel das Bild vervollständigen. Kein Wunder, dass diese Aussicht von den Einheimischen als das prächtigste Panorama der Helgelandskysten gepriesen wird.

Um vielen Menschen den Zugang zu dieser tatsächlich ikonisch schönen Aussicht zu ermöglichen, wurde 2018 der Aufstieg zum 443 Meter hohen Gipfel des Rødøyløva durch den Bau einer Sherpa-Treppe (Steintreppe) deutlich erleichtert. Wanderer benötigen nun, je nach Kondition, nur noch etwa eine Stunde, um vom Parkplatz unterhalb des Berges bis zum Gipfel zu gelangen. Neben diesem direkten, neu geschaffenen Weg besteht weiterhin die Möglichkeit, die traditionelle, aber dafür längere und landschaftlich vielfältigere Route aus dem Osten der Insel zu wählen. Doch unabhängig dessen, für welchen Aufstieg man sich entscheidet: Der Panoramablick vom Gipfel ist ebenso spektakulär wie unübertroffen und entschädigt für jeden Stufe oder jeden Meter. Ein beliebtes Ritual unter den Einheimischen ist es, das magisch goldene Licht der Mitternachtssonne bei einem Glas Wein oder einem Picknick auf dem Gipfel zu genießen – ganz sicher ein Gänsehautmoment.

Der traditionelle Weg auf den Rødøyløva

Direkt unterhalb des Rødøyløva erblickt man einige malerische Strände wie beispielsweise den leuchtende weißen Sandstrand Storsanden. Diesen kann man auf einem rund 1,5 Kilome-

Rund 400 schwindelerregende Meter über dem Meer

ter langen Küstenweg am Ziel einer kurzen Wanderung erreichen. Der flach abfallende Storsanden führt sanft ins Meer und lädt an warmen Sommertagen zum Baden ein.

Klokkergården

Am Fuße des Rødøyløva befindet sich zugleich das historische Herrenhaus Klokkergården, das bis in die 1960er-Jahre als Internat diente. Nach der Schließung der Schule drohte das Gebäude zu verfallen, doch dank des Engagements der jetzigen Besitzerfamilie wurde es liebevoll restauriert und seine Geschichte so bewahrt. Mittlerweile ist Klokkergården eine kulinarische Pilgerstätte, wo schmackhafte Speisen basierend auf historischen Rezepten mit lokalen Zutaten kredenzt werden – ein wahres Genusserlebnis, das sich mittlerweile über die Region hinaus herumgesprochen hat. Aus den ehemaligen Schlafräumen des Internats wurden einzigartige Gästezimmer, wobei jeder dieser Räume seine eigene faszinierende Geschichte erzählt.

Die 1885 erbaute Kirche von Rødøy, deren Geschichte bis ins 14. Jahrhundert zurückreicht, besticht ebenfalls durch ihre lange und reiche Vergangenheit. Die achteckige Holzkirche zählt zu den größten Gotteshäusern der Region und bietet trotz der geringen Einwohnerzahl auf der Insel 700 Besuchern Platz. Im Sommer ist sie täglich geöffnet und ermöglicht so einen Einblick in ein Stück norwegischen Kulturerbes.

Bamsehuset – ein Zuhause für viele Teddybären

Im Märchenwald verstecken die Trolle ihre Schätze

Nur einen Steinwurf von der Kirche entfernt erwartet das private Teddymuseum seine Gäste. Dieses einzigartige Museum ist ein Ort der Freude sowie der Nostalgie und beherbergt eine umfangreiche Sammlung von ungefähr 1500 Teddybären. Die gesammelten Exponate aus verschiedenen Epochen und Ländern lassen nicht nur Kinderherzen höher schlagen.

So ist es auch im Märchenwald Eventyrskogen ganz im Süden der Insel. In dem „verzauberten" Wald erwarten Märchenfiguren, Trolle und andere Fabelwesen (nicht nur) Kinder zu einem unterhaltsamen Spaziergang. In dem liebevoll gestalteten Areal erwachen Geschichten zum Leben: Mit täuschend echten Trollfiguren, einem bezaubernden Hänsel und Gretel Haus sowie einer geheimnisvollen Zaubertür, die in eine Felswand eingelassen wurde, bietet dieser Ort wahrlich zauberhafte Erlebnisse und zusätzlich einige herrliche Picknickplätze.

INFO

Lage: Die Insel Rødøy befindet sich etwa zehn Kilometer vor der Helgelandskysten und etwa 120 Kilometer von Mo i Rana entfernt.

Ausgangspunkte der Wanderungen:

- Aufstieg über Sherpa-Treppe zum Rødøyløva, GPS: 66.668080, 13.058502
- Sandstrand Storsanden: analog Rødøyløva

Einkehren:

- Klokkergården Kystturisme: Kulinarische Genusserlebnisse sind im Restaurant vom Klokkergården garantiert; 8193 Rødøy, GPS: 66.666655, 13.057858, *klokkergaarden.no*
- Rødøy Kro & Bar: Im Grillrestaurant gibt es eine kleine Karte mit wechselnden Tagesgerichten und den wohl besten Pommes auf der Insel; Fv432 133, 8193 Rødøy, GPS: 66.657158, 13.075844

Übernachten:

- In den gemütlichen Zimmern des geschichtsträchtigen Klokkergården; *klokkergaarden.no*
- Die Parkmöglichkeiten auf der Insel sind begrenzt. Auf dem Wanderparkplatz Rødøyløva kann jedoch gegen eine Gebühr bis zu 24 Stunden geparkt werden.

Websites:

- *visithelgeland.com/no/places/rodoy*
- Autofähre oder dem Schnellboot vom Festland; *reisnordland.com*

28. Insel Åmøya: Camping wie im Paradies

Ein Blick auf die Landkarte zeigt, dass auf dem Abstecher nach Åmøya einige Fjorde zu umfahren und rund 30 Kilometer zurückzulegen sind. Zugleich wird offensichtlich, dass allein diese spektakuläre Route auf die Insel zauberhafte Eindrücke verspricht und so der Weg (einmal mehr) zum Ziel wird.

Wer in Halsa die Küstenstraße Kystriksveien (Fv17) verlässt und die malerische Route zur vorgelagerten Insel Åmøya einschlägt, durchquert in nur etwa einer halben Stunde vielfältige Landschaftsformen, die das unverwechselbare Charisma dieser Gegend verkörpern. Von schroffen Bergspitzen über malerische Fjorde bis hin zu dramatischen Küstenlinien – die beinahe unvermeidlichen Fotostopps werden die Fahrtzeit wohl etwas verlängern, bevor man schließlich das eigentliche Ziel, die Insel Åmøya, erreicht.

Neben der Straße nach Åmøya

Kurz nach der Brücke über den Åmnessundet weist an einer Abbiegung ein Schild den Weg nach Stavnes. Auf dieser Straße erreicht man nach wenigen Augenblicken den Ausgangspunkt der etwa 300 Meter langen Wanderung zu den beeindruckenden prähistorischen Felsbildern im Nordosten von Åmøya. Diese etwa 9000 Jahre alten Steinzeitdarstellungen umfassen 23 Motive, darunter Rentiere, Bären, Elche und Wale. Besonders bemerkenswert ist die Vielzahl an Elchabbildungen, einschließlich einer eindrucksvollen, 4,3 Meter langen Darstellung, die als charakteristisches Merkmal der Felskunst auf Åmøya gilt.

Ebenfalls im Norden der malerischen Insel liegt der Bauernhof Åmnes Gård, das Zuhause der deutschen Auswanderin Steffi und ihrer

Familie. In dem Hofladen findet sich ein ansprechendes Sortiment lokaler Erzeugnisse, regionaler Delikatessen und hausgemachter Backwaren. Überdies bieten Steffi und ihr norwegischer Ehemann Magne in den Sommermonaten sporadisch verschiedene Aktivitäten für Besucher an und ermöglichen gern einen authentischen Einblick in den Alltag auf einem Bauernhof an der nordnorwegischen Küste.

Blick vom Kjørråghågen zum Festland

Nur wenige hundert Meter weiter erreicht man einen der schönsten Campingplätze an der Helgelandskysten, der sich insbesondere durch seine eigentlich unbezahlbare Lage sowie die herzliche Ausstrahlung der Besitzerin auszeichnet. Die Stellplätze direkt am malerischen Strand von Åmnes bieten spektakuläre Aussichten über das Meer und hinüber zur unverwechselbaren Silhouette der Insel Bolga. An jedem Abend wird man von der Natur mit einem anderen, unvergesslichen Schauspiel aus traumhaften Sonnenuntergängen, dramatischen Wolkenspielen oder im Herbst und Winter mit tanzenden Nordlichtern unterhalten – ein wahrhaft einzigartiges Spektakel, das zweifelsohne jeden Besucher begeistert. Mit einem gemieteten Boot oder Kajak kann man direkt vom Campingplatz

Die Unterhaltung auf Åmnes Camping liefert die Natur

aufbrechen, um die Küste auf eigene Faust zu entdecken oder (s)eine abgeschiedene Bucht zu finden.

Der lediglich 65 Meter hohe Hügel Kjørråghågen direkt neben dem Sandstrand ist darüber hinaus ein perfektes Ziel für einen erholsamen Spaziergang im warmen Licht der tief stehenden Sonne. Nur an wenigen Orten Norwegens wird für eine so geringe Anstrengung ein derart grandioses und fotogenes Panorama über die Bergkette entlang der Helgelandskysten geboten.

Kajaktour vom Campingplatz

Wer hingegen höher hinaus möchte, findet auf Åmøya einige eindrucksvolle Gipfeltouren wie zum Beispiel auf den Risnestinden oder den Skarstinden, beide um die 640 Meter hoch. Aber auch vom Campingplatz führt ein familienfreundlicher Weg an der Küste entlang und im weiteren Verlauf über einige Klippen, auf denen man im Sommer ein leckeres Picknick genießen kann.

Zusätzlich zu den vielfältigen Aktivitäten und den malerischen Wanderwegen bietet die Insel ideale Bedingungen für Entdeckungstouren mit dem Fahrrad. Dank des überwiegend flachen Terrains entlang der Küste sind die meisten Straßen perfekt für entspannte Radfahrten geeignet, um die Insel im eigenen Tempo zu erkunden. Als Ziel einer wunderbaren Radtour empfiehlt sich unter anderem der kleine Hafenort Åmøyhamn am Südwestzipfel der Insel.

Um Verwirrungen bei der Reiseplanungen vorzubeugen, ist auch hier der Hinweis nötig, dass es mehrere geografische Bezeichnungen für dieses norwegische Eiland gibt. Dabei wird die ältere Namensgebung Åmnøya zunehmend durch Åmøya ersetzt, wobei in aktuellen Publikationen beide Bezeichnungen zu finden sind.

INFO

Lage: Die Insel Åmøya gehört zur Gemeinde Meløy und ist durch Brücken mit dem Festland verbunden.

Übernachten:

- Åmnes Camping: mit Hüttenvermietung, Zeltplätzen und Wohnmobil-Stellplätzen; Åmnesveien 157, 8170 Engavågen, 66.783457, 13.352001, *aamnescamping.no/de*
- Wohnmobilisten, die eine Jahresmitgliedschaft bei NORTRIP* erworben haben, können direkt auf dem Parkplatz vom Bauernhof Åmnes Gård übernachten; Åmnesveien 61, 8170 Engavågen, *amnesgard.no*

Website: *visitmeloy.no*

*NORTRIP: Mit dem Kauf einer Jahresvignette erhält man die Möglichkeit besondere Stellplätze (Höfe, Museen, Gaststätten etc.) dieser Vereinigung kostenlos zu nutzen. Mehr Informationen: QR-Code

29. CORBELS CANYON: DIE UNBÄNDIGE KRAFT DES WASSERS

Der Láhko-Nationalpark schützt die zumeist ursprüngliche Natur im Glomfjellet, dem größten zusammenhängenden Kalksteingebiet Norwegens und ganz Europas. Besonders einzigartige geologische Formationen findet man am Corbels Canyon, der über Jahrtausende in dieser Karstlandschaft ausgespült wurde.

Herbstwanderung zum Corbels Canyon

Der Corbels Canyon steht als eindrucksvolles Zeugnis der gewaltigen Kräfte der Natur. Inmitten eines ebenso kargen wie farbenprächtigen Refugiums unberührter Wildheit hat sich der Wasserlauf des Svalvasselva in der Schlucht des Corbels Canyon auf spektakuläre Weise seinen Weg gebahnt. Die geschaffenen Formationen – von märchenhaften, unterirdischen Wasserläufen und verwunschenen Höhlen bis hin zu steinernen Skulpturen – sind ein wahres Naturwunder.

Erst Ende der 1950er-Jahre entdeckte der französische Geograf Jean Corbel (1920–1970) dieses abgelegene und damals schwer zugängliche Mekka für Naturfotografen, Geologiebegeisterte und Outdoor-Abenteurer. Seitdem entwickelt sich diese einzigartige Karstlandschaft zwischen den Seen Fiskvatnet und Svalvatnet zu einem zunehmend beliebten Wanderziel. Insbesondere Fotografen tragen ihre komplette Ausrüstung auf einer der verschiedenen Routen kilometerweit durch die norwegische Gebirgslandschaft, um die teils kuriosen Steinformationen der geologischen Märchenwelt um den Canyon festzuhalten. Trotz seiner wachsenden Beliebtheit gilt der Corbels Canyon nach wie vor als Geheimtipp, vor allem aufgrund seiner abgeschiedenen Lage und der herausfordernden Erreichbarkeit.

Fabelwelt aus Karst und Wasser

Das Terrain um den Canyon lässt sich auf verschiedenen Wanderrouten erreichen, deren Ausgangspunkte jedoch immer am Ende sogenannter Anliegerstraßen liegen. Diese nur notdürftig ausgebauten, teils herausfordernden Straßen wurden ursprünglich durch das norwegische Energieunternehmen Statkraft für den Ausbau der Wasserkraftanlagen angelegt, können inzwischen aber auch von Privatpersonen auf deren eigene Verantwortung genutzt werden.

Eine dieser Straßen biegt bei Fykan, am Ende des Glomfjords, von der Küstenstraße Kystriksveien (Fv17) ab und windet sich durch einige spektakuläre Tunnel bis zu einem Parkplatz auf 600 Meter

Höhe am Staudamm Storglomvassdammen. Von diesem Parkplatz aus führt ein markierter Weg nach Osten zur Grenze des Láhko-Nationalparks, welcher nach etwa einem Kilometer erreicht wird. Entlang der Südseite des Litle Sandvatnet und des Store Sandvatnet führt die weitere Route durch leicht begehbares Gelände mit zumeist festem Boden, nackten Felsflächen und niedriger Vegetation. Nach rund vier Kilometern stößt man auf eine weitere Wegkreuzung, von der aus man nach Norden in Richtung Litle Svalvatnet und Corbels Canyon abbiegt, den man nach weiteren drei Kilometern erreicht. Hier beginnen die individuellen Erkundungen und Entdeckungen im freien Gelände neben der Schlucht.

Steinformationen wie aus einer anderen Welt

Einige der geologischen Highlights und einzigartigen Fotomotive befinden sich jedoch nicht direkt im Corbels Canyon, sondern in der unmittelbaren Umgebung. So spannt sich die Corbelbrücke, eine der beeindruckendsten natürlichen Steinbrücken Norwegens, zwischen den Seen Saravatnet und Fiskvatnet über den weiteren Flusslauf des Svalvasselva. Obwohl kein markierter Pfad zur Brücke führt, ist sie mithilfe einer Karte leicht zu finden und nur etwa einen Kilometer vom Canyon entfernt.

Zwischen den beiden Seen lässt sich überdies eine wellenförmige Felsformation finden, deren Form etwas an die berühmte Sandstein-Formation „The Wave" in Arizona erinnert. Aber auch am Litle Svalvatnet gibt es ein weiteres Fotomotiv, da dort der Svalvasselva in einen schmalen Spalt zwischen herrlich strukturierten Felswänden hinabfällt.

In tausenden Jahren von Eis und Wasser geschaffen

INFO

Lage: Der Corbels Canyon befindet sich im Láhko-Nationalpark oberhalb des Glomfjords und ist über verschiedene Wanderrouten zu erreichen.

Hinweis: Aufgrund der Beschaffenheit der Anliegerstraße und der dortigen Tunnel wird von der Nutzung der Strecke mit Wohnanhängern und größeren Wohnmobilen dringend abgeraten. Zudem wird die Strecke aufgrund von Wartungsarbeiten sowie im Winterhalbjahr regelmäßig gesperrt.

Wanderung:

- 17 Kilometer komplett; Anstieg: etwa 120 Höhenmeter, Dauer: acht Stunden (gesamte Wegstrecke). Die beste Zeit für diese Wanderung ist von Ende Juni bis Mitte September. Ausgangspunkt der Wanderung, GPS: 66.7757569, 14.1528253
- Übersichtskarte und GPX Daten über QR Code auf *Nordlandblog.de*

Helgeland

Delta des Flusses Glomåga

Helgeland

30. Mosjøen Sjøgata: Historie und Holzhaus-Idyll
31. Austre Okstindbreen: Dem ewigen Eis ganz nah
32. Marmorslottet: Märchenhafte Formationen aus Marmor
33. Austerdalsisen: Blaues Eis auf ockerfarbenen Felsen
34. Bredekrunden: Rundwanderung durch die Epochen

Nordfugløy
Stokkbruvika
Rognan - Råggno
Vigdel
Storjord - Muodno
Jarbrufjell
Støtt
Gjelset
Dalmo
Reingarden
Ørnes - Gárrgonjárrga
Storjord
Bolga
Myken
Leiråmoen
Lønsdal - Luonos
Haugvika
Sneland
NORDLAND
Kjettvika
E6
Jektvika
34
33
Grimsland
32
Telnes
Hestmona
Melfjordbotn
Nordre Stormdalen
Storvollen Rana
Svartisen
Konsvikosen
Stor-Røvatnet
Dunderland
Ravnåga
Ørneset
Storforshei
Kvanndalen
Sleneset
Nordsjona
Mo i Rana
Tofta
Jordbrua
Straumbotn
Utskarpen
NORWEGEN
Husby
Nesna
Hemnesberget
Glein
Ytre Låvong
Myrvika
31
Bredviken
Vika
Mjölkbäcken
Leirskardet
Vasshovud
Sandnessjøen
E6
SCHWEDEN
Umasjö
Aunet
30
Raudlia
Stintbäcken
Skei
Kongsdalen
Mosjøen - Mussere
Forsovan
Hemavan
Orrhaugen
Valen
Bjørnåga
Ström
Brännan
Visthus
Lamoen
Kruvhtege - Krutå
Ausen
Byn
Fagerbakken
Aursletta
Gryteselva
Nedre Björknäs
Trofors
Stabbforsmoen
Ørnes
Storbørja
Skalmodal
Virisen
Nedre Hjortskardmoen
Bojtiken
Måelhkie - Kroken
0
30 km

30. Mosjøen Sjøgata: Historie und Holzhaus-Idyll

Das Holzhaus-Viertel Mosjøen Sjøgata lädt nicht nur zu einer eindrucksvollen Pause während einer Fahrt auf der Europastraße 6 ein, sondern ermöglicht zugleich – im wahrsten Sinne des Wortes – einen faszinierenden Abstecher in die Geschichte und Tradition nordnorwegischer Küstenorte.

Am Straßenrand neben der Europastraße 6, in der Ortslage von Mosjøen, prangt in weißen Lettern „Sjøgata" auf einem der typisch braunen Sehenswürdigkeitenschilder. Folgt man dieser Ausschilderung, begibt man sich auf eine erlebnisreiche Zeitreise und erreicht so nur wenige hundert Meter später das historische Viertel mit den traditionellen Holzhäusern aus dem 19. Jahrhundert.

Holzhausensemble in der Sjøgata

Von einem der zahlreichen Parkplätze neben dem alten Ortskern kann man aufbrechen, um durch die Gassen zu bummeln, in einladenden Cafés Zimtschnecken zu schlemmen und die farbenfrohen Holzhäuser zu besichtigen. Diese präsentieren sich oft zugleich als authentische Fotomotive und Wahrzeichen überlieferter norwegischen Architektur.

Ab 1866 erlebte Mosjøen eine wahre Goldgräberstimmung. Die Lage zwischen dem Vefsnfjord und den waldreichen Gebirgen der Umgebung bot perfekte Voraussetzungen für den Bau eines riesigen Sägewerkes. Die Aussicht auf ein gutes Auskommen zog Holzbarone, Forstarbeiter, samische Holzfäller, schwedische Bergbauern ebenso an wie Schuster und Schneider aus London und Paris. Alle profitierten von dem Boom, haben Mosjøen aber schon längst wieder verlassen. Geblieben sind die Kaianlagen, Lagerhäuser, Bootshäuser und Handelsgebäude dieser Blütezeit.

Historische Tankstelle in Mosjøen

Hauswand in der Sjøgata

Nach dem Zweiten Weltkrieg verfiel das historische Viertel zusehends. 1970 sollte aus dem „Schandfleck" ein riesiger Parkplatz werden, doch glücklicherweise regte sich gegen diese Pläne massiver Protest. Daraufhin erhielt die Gegend um die Sjøgata nationale Aufmerksamkeit und dadurch wiederum entsprechende Unterstützung für eine umfangreiche Restauration. Architekten und Spezialisten sanierten das Viertel, entwickelten neue Nutzungskonzepte und schufen so einen bis heute lebendigen Teil des Zentrums von Mosjøen. Die Galerien, Kunstwerkstätten, Ausstellungen und Kulturzentren mit regelmäßigen Konzerten sind seither ein beliebtes Ziel für zunehmend mehr Besucher aus dem In- und Ausland. Einige Geschäfte und Cafés wie zum Beispiel Vikgården Landhandel og Kaffebu vermitteln bis heute einen authentischen Eindruck aus den früheren Zeiten, bewahren die Traditionen und begrüßen Gäste in einem charmanten Ambiente. Hier kann man hausgemachten Kuchen und auf traditionelle Weise aufgebrühten Kaffee genießen.

Alte Lagerhäuser an der Sjøgata

Inmitten der geschichtsträchtigen Siedlung gibt es einige Ferienwohnungen und zugleich die Möglichkeit, im ältesten Hotel Nordnorwegens zu übernachten: Das altehrwürdige „Fru Haugans" liegt in einem großen wunderschönen Garten direkt am Fjord und blickt auf eine zweihundertjährige Geschichte zurück. Mittlerweile modernisiert, bietet das Anwesen viele Annehmlichkeiten unserer Tage in einem stilvollen Ambiente. In fußläufiger Entfernung dazu präsentiert das Helgeland-Museum spannende Ausstellungen und natürlich eine Dauerausstellung zur Stadtgeschichte, in der die faszinierende Historie des bunten Lebens in der Sjøgata und in Mosjøen – der ältesten Stadt Helgelands – lebendig wird.

Die Einheimischen sind deshalb heute mächtig stolz auf die Sjøgata und zeigen Besuchern gerne die historischen Holzbautechniken und -werkzeuge, mitunter auch einmal ihren Garten oder ihr liebevoll restauriertes Haus. Sjøgata ist also nicht nur ein Ort für Touristen, sondern wieder ein lebendiges Viertel, in dem Menschen leben, arbeiten und ihre reiche Geschichte bewahren.

Skyline vom Viertel Sjøgata in Mosjøen

INFO

Lage: Die Straße Sjøgata verläuft parallel zur Fußgängerzone in Mosjøen und entlang des Flusses Vefsna. Mosjøen liegt direkt an der Europastraße 6.

Einkehren:

- Vikgården Landhandel og Kaffebu: Sjøgata 8, 8656 Mosjøen, GPS: 65.838322, 13.187928
- Tipperary Bar und Restaurant: Strandgata 15, 8656 Mosjøen, GPS: 65.838019, 13.188996

Übernachten:

- Fru Haugans Hotel: Strandgata 39, 8651 Mosjøen, *fruhaugans.no*
- Mosjøen Båtforening: Wohnmobil-Stellplätze in einer Marina mit Strom; *www.mosjoenbf.no*

Hinweis: Vom Storfjellet gelangt man auf Nordnorwegens größter ZIP-Line (700 Meter Länge, 70 Meter Höhenunterschied) hinunter zum Hotel „Fru Haugans". Der Aufstieg erfolgt über die von Sherpas erbaute Helgelandstreppe.

31. Austre Okstindbreen: Dem ewigen Eis ganz nah

Wie eine riesige Haube liegt das Eis des mächtigen Gletschers Okstindbreen zwischen den Gipfeln des Okstindan-Massivs, das aufgrund seiner Höhe als Dach Nordnorwegens gilt. Die Wanderung zur östlichen Gletscherzunge ist eine perfekte Möglichkeit, in diese aufregende Landschaft aus Eis und Stein einzutauchen.

Die Einheimischen erkennen in den elf Gipfeln des Okstindan die Spitzen eines Rentiergeweihs, so schroff strecken sich die ungewöhnlich steilen Berggipfel in den Himmel. Eine alpine Skyline, die rund 30 Kilometer südlich von Mo i Rana im Grenzgebiet zu Schweden das Landschaftsbild prägt. In den Hochtälern und Ebenen des Massivs dominiert hingegen bis heute das Eis des Gletschers Okstindbreen, mit einer Fläche von rund 46 Quadratkilometern immerhin der achtgrößte Gletscher Norwegens. Seine zahlreichen Gletscherarme erstrecken sich in alle Himmelsrichtungen und die türkisfarbenen Schmelzwasserflüsse ziehen sich wie farbige Adern durch das Gebirge. Eine dramatisch wilde und weitgehend unberührte Landschaft, die einen fast unwiderstehlichen Reiz auf Wanderer, Bergsteiger und Naturliebhaber ausübt.

Aussicht auf den Okstindbreen vor dem Oksskolten

An der Flanke der Gletscherzunge

Neben all den spektakulären Aufstiegen, gewagten Gipfeltouren und mehrtägigen Hüttenwanderungen findet man im östlichen Teil des Okstindan-Massivs eine bislang hauptsächlich bei Einheimischen bekannte Familienwanderung, die unvergessliche Eindrücke von dem blau leuchtenden Gletschereis des Okstindbreen verspricht.

Doch zuvor muss man ganz sicher ausgetretene Pfade verlassen und eine durchaus strapaziöse Anfahrt von der Europastraße 12 bis zum Wanderparkplatz auf sich nehmen. Diese rund einstündige Fahrt über eine teils abenteuerliche Schotterpiste mag ein Grund dafür sein, dass diese Wanderung bislang eher als Insidertipp einzuordnen ist. Nach der Fahrstrecke von rund 40 Kilometern durch die nordnorwegische Wildnis erreicht man zunächst die Hütte Kjennsvasshytta, eine der Schutzhütten des norwegischen Wandervereins DNT (siehe Infokasten). Rund 500 Meter entfernt befindet sich rechter Hand der betonierte (!) Parkplatz mit einem Holzunterstand und einer detaillierten Informationstafel.

Am Parkplatz beginnen einige Wanderrouten der Umgebung, unter anderem der Aufstieg auf den höchsten Gipfel des Okstindan-Massivs, den Oksskolten (1916 Meter über dem Meeresspiegel) oder die markierten Wanderungen zur Hütte Gressvasshytta und zum Gletscher Okstindbreen – der Einstieg zur nachfolgend beschriebenen Tour.

Der Pfad steigt steil an und führt den Berghang bis über die Baumgrenze hinauf. Dort wird ein älteres Gletscherflussbett sichtbar und das Gelände somit etwas steiniger und zugleich unwegsamer. Es lohnt sich kurz innezuhalten und den Blick zurück über den See

Kjennsvatnet schweifen zu lassen – ein traumhaftes Panorama. Nur ein kurzes Stück höher erreicht man eine Hochebene mit flachem Bewuchs und einem kleinen See, vor dem der Weg sich gabelt. Der rechte Pfad führt auf einer kurzen Distanz direkt zu einem Abhang, von dessen Rand sich ein spektakuläres Motiv öffnet: Das blaue Eis der Gletscherzunge Austre Okstindbreen mit ihrem grünlich schimmernden Abflusssee und dem darüber thronenden Gipfel des Oksskolten.

Hier hat man die Wahl, entweder umzukehren oder bis zum Rand des Gletschers hinabzusteigen. Nur an wenigen Orten in Norwegen bietet sich diese Gelegenheit, dem Eis mit einem vertretbaren Aufwand so nahe zu kommen. Dennoch ist natürlich generell Vorsicht geboten – sowohl beim Abstieg über das Geröll als auch an der fragilen Gletscherkante. Es können jederzeit und ohne Vorzeichen größere Eismassen abbrechen oder sich in der brüchigen Landschaft Steinlawinen lösen.

Selbst aus sicherer Distanz lässt sich die unvorstellbare Schönheit der fast 9000 Jahre alten Eismassen erkennen, leuchten die Furchen, Höhlen und Spalten in einem kräftigen Blau und zeigen wundersame Skulpturen aus Eis, wie nur die Natur sie schaffen kann.

Eishöhlen unter dem Gletscher

INFO

Lage: Die Gletscherzunge befindet sich am Ziel einer Wanderung, etwa anderthalb Autostunden südlich von Mo i Rana. Bei Akersvatn erreicht man nach 40 Kilometern die DNT Hütte Kjennsvasshytta und kurz darauf den Parkplatz; GPS: 66.059648, 14.304152

Wanderung:

- Länge: vier Kilometer komplett; Anstieg: etwa 300 Höhenmeter; Dauer: drei Stunden (gesamte Wegstrecke). Die beste Zeit ist von Anfang Juni bis Ende September.
- Übersichtskarte und GPX Daten über QR Code auf *Nordlandblog.de*

Hinweis: DNT, der norwegische Wanderverein, engagiert sich für Outdoor-Aktivitäten und unterhält mehr als 400 Schutzhütten.

32. Marmorslottet: Märchenhafte Formationen aus Marmor

Marmorschloss: Die wörtliche deutsche Übersetzung der norwegischen Bezeichnung Marmorslottet mag zunächst ein prunkvolles Schloss am Ziel dieser kurzen Wanderung suggerieren, doch vielmehr hat die Natur hier einzigartige, ja tatsächlich sagenhafte Formationen aus Marmor geschaffen.

Unglaublich grünblau schimmert das Wasser im Fluss Glomåga, während es sich mit unbändiger Kraft unaufhaltsam seinen Weg vom Gletscher Svartisen zum Meer bahnt. Über Jahrtausende hinweg schnitten Wassermassen und Eis enge Schluchten in die umliegenden Berge und formten mythische Marmorskulpturen. Höhlen, Gletschertöpfe, Felsnasen und zahlreiche, teils bizarre Steinformationen zeugen von den faszinierenden Kräften der Natur, die am Rand des Saltfjellet-Svartisen-Nationalparks diese einzigartige Landschaft geprägt haben.

Marmor – geformt von der Kraft der Natur

Flussdelta des Glomåga am Langvatnet

Die geologische Wunderwelt in der Schlucht des Flusses Glomåga ist ein reizvolles Ausflugsziel für Groß und Klein, bietet es doch gleichermaßen einprägsame Naturerlebnisse, spektakuläre Outdoor-Abenteuer, unvergleichliche Fotomotive und fantasieanregende Eindrücke. Man kann nur spekulieren, welche nordischen Fabelwesen hier in klaren Nächten unter den tanzenden Nordlichtern wandeln ...

Dennoch ist das Marmorslottet bislang hauptsächlich bei Einheimischen beliebt. Das mag daran liegen, dass der Parkplatz einige Kilometer entfernt von der Europastraße 6 am Ende einer Sackgasse liegt und nur dezent ausgeschildert ist. Überdies ist das Marmorslottet derzeit kaum in den einschlägigen Reiseführern zu finden und nur als Ziel einer 1,3 Kilometer langen Wanderstrecke zu erreichen – ohne Aussichtsplattform oder vergleichbare touristische Annehmlichkeiten. Natur pur.

Der Wanderweg vom Parkplatz neben dem Bauernhof Fisktjørna bis zur Schlucht ist durchweg gut markiert, befestigt und relativ kurz. Lediglich der steile Abstieg zum Fluss und somit zu den eigentlichen Felsformationen stellt derzeit eine anspruchsvolle He-

Wunderwelt aus Marmor

rausforderung dar, nachdem im Frühjahr 2021 das Schmelzwasser die Treppe und einige Sicherungseinrichtungen mitgerissen hat. Besucher sollten auf angemessene Sicherheitsmaßnahmen achten und Vorsicht walten lassen.

Am Ziel angekommen, überrascht zunächst ein Schild mit dem Hinweis, vor dem Betreten des relativ empfindlichen Marmors die Schuhe auszuziehen. Wenige Augenblicke später kann man barfuß über den geriffelten Marmor klettern und auf diese Weise gratis eine natürliche Fußmassage erhalten. Wer ganz mutig ist, traut sich vielleicht sogar auf die Felszunge „Steinhesten" (Steinpferd) und wagt von dort einen direkten Blick in den reißenden Glomåga.

Tipp: Am Parkplatz beginnt ein weiterer Wanderweg, der zu Mehrtagestouren rund um den Svartisen-Gletscher einlädt. Diese Touren sind anspruchsvoll und erfordern entsprechende Ausrüstung sowie Erfahrung im Bergwandern.

INFO

Lage: Marmorslottet liegt eine knappe Autostunde von Mo i Rana entfernt. Von der Europastraße 6 in Røssvoll folgt man der Beschilderung „Svartisen". Parkplatz: GPS: 66.483798, 13.871689

Übernachten:

- Røssvoll Camping: Der in den Sommermonaten geöffnete Campingplatz bietet auch einfache Campinghütten an; Saltfjellveien 436, 8615 Skonseng
- Im Sommer: Campingplatz Storli Camping bei Mo i Rana mit Hütten, Stellplätzen und einer typisch samischen Gamme für ein perfektes Glamping-Erlebnis; Saltfjellveien 632, 8630 Storforshei, *storlicamping.no*

Hinweis: Übersichtskarte und GPX Daten über QR Code auf *Nordlandblog.de*

33. AUSTERDALSISEN: BLAUES EIS AUF OCKERFARBENEN FELSEN

Haushohe Spalten, spitze blauschimmernde Eistürme, natürliche Skulpturen aus Eis und reißende Schmelzwasserbäche: Am Austerdalsisen können Besucher dem ewigen Eis ganz nahe kommen, sodass sie das Knacken und Knistern im Gletscher hören – so, als wolle das Eis seine Geschichte erzählen.

Der Svartisen-Gletscher ist nach dem Jostedalsbreen der zweitgrößte Gletscher auf dem norwegischen Festland. Seine zahlreichen Ausläufer erstrecken sich über die Gemeinden Meløy, Rødøy, Beiarn sowie Rana und werden begrenzt vom Holandsfjord, Glomfjord und Melfjord im Westen sowie dem Blakkådalen im Osten. In dieser Region erstrecken sich 60 Gletscherarme wie Zungen aus Eis in die Täler und Fjorde. Dazu zählt auch die Gletscherzunge Austerdalsisen nördlich von Mo i Rana, die verhältnismäßig einfach zu erreichen ist. Dazu muss man die Europastraße 6 verlassen und der schmalen Straße ins Røvassdalen folgen. Dort gibt es – man glaubt es kaum – eine hochmoderne Mautstation. Das Benutzen der

Gletscherzunge Austerdalsisen

privaten Anliegerstraße auf der letzten Etappe bis zum Parkplatz ist kostenpflichtig. Dafür ist die Nutzung des Parkplatzes sowie eines einfachen Campingplatzes am Seeufer des Svartisvatnet kostenfrei, sodass man gleich die Nacht in dieser Kulisse verbringen kann.

Stellplatz am Straßenende neben dem Svartisvatnet

Die komplette Wanderroute vom Parkplatz bis zur Gletscherzunge ist etwa neun Kilometer lang. Immerhin besteht die Möglichkeit, die ersten vier Kilometer dieser Distanz mithilfe einer Bootsfahrt über den See Svartisvatnet abzukürzen. Allerdings fährt das private Shuttleboot vom Bauernhof zum Seeende – je nach Saison – nicht allzu häufig und zudem ist die Überfahrt nicht ganz günstig. Leider ist aber auch der Wanderweg am Seeufer keineswegs ein einfacher Spaziergang. Wanderer begegnen hier schlammigen Passagen, müssen über umgestürzte Bäume klettern und sich mit einem ständigen Auf und Ab des teils schmalen Pfades auseinandersetzen. Dadurch relativieren sich die Kosten für eine Bootsfahrt, und wenn die Fahrzeiten mit den persönlichen Planungen harmonieren, sollte man daher diesen Service wohl in Anspruch nehmen.

Am Ende des Svartisvatnet, wo auch das Shuttleboot anlegt, folgt ein leichter Anstieg entlang eines gut ausgebauten und markierten Weges auf etwa 300 Höhenmeter. Im weiteren Verlauf führt die Wegstrecke über einige Felsplatten und ist mit Steinpyramiden sowie dem in Norwegen typisch roten „T" markiert. Nach etwa drei Kilometern in einer hauptsächlich steinigen Umgebung erreicht man schließlich einen Gapahuk (Holzunterstand) und mit ihm den offiziellen Aussichtspunkt zum Gletscher. Von hier aus offenbart sich – bei Bedarf wettergeschützt – ein beeindruckender Blick auf den gigantischen Austerdalsisen in der Ferne. Die unzähligen ockerfarbenen Felsen bilden einen sagenhaften Kontrast zum blauen Eis der Gletscherzunge – ein atemberaubendes Panorama.

Die Markierung der Wanderung endet an diesem Punkt. Diejenigen, die jedoch den Wunsch verspüren und dem ewige Eis noch etwas näher kommen wollen, müssen sich ab hier auf eigene Faust durchschlagen. Vereinzelte Steinpyramiden lassen zumindest erkennen, wo zuvor andere Wanderer über die Steinplatten zum Gletscher gegangen sind. Obwohl der Gletscher vom Aussichtspunkt zunächst greifbar nah erscheint, sollte man die Entfernung und den teils beschwerlichen Fußmarsch über die Steinplatten nicht unterschätzen.

Die Mühen dieser herausfordernden Strecke durch das freie Terrain werden jedoch reich belohnt, sobald man das Ziel erreicht. Steht man endlich vor dem kolossalen Eisgebilde, scheinen alle Anstrengungen vergessen. Am Ende bleibt ein einmalig schönes Erlebnis haften! Vor allem, wenn man das Glück hat, die Szenerie im Schein der warmen Abendsonne genießen zu können, denn dann erstrahlen die fast unwirklichen Farben noch deutlich intensiver.

Eisskulpturen in Jahrtausenden geformt

Abendstimmung an der Gletscherzunge

INFO

Lage: Die Gletscherzunge befindet sich etwa 30 Kilometer von Mo i Rana entfernt. Von der Europastraße 6 folgt man dem Abzweig in das Røvassdalen und der Ausschilderung zum Svartisen. Für den letzten Teil der Strecke wird eine Maut fällig.

Wanderung:

- Länge: 18 Kilometer komplett;
  Anstieg: etwa 350 Höhenmeter, Dauer (ohne Bootsfahrt) sechs bis acht Stunden (gesamte Wegstrecke). Die beste Zeit für diese Wanderung ist von Anfang Juni bis September. Ausgangspunkt: GPS: 66.491296, 14.197026
- Übersichtskarte und GPX Daten über QR Code auf *Nordlandblog.de*

Hinweis: Die Maut wird über den Anbieter YouPark erfasst. Hat man sich nicht registriert und eine Zahlkarte hinterlegt sollte man auf der Webseite innerhalb von 48 Stunden den offenen Betrag online begleichen.

34. BREDEKRUNDEN: RUNDWANDERUNG DURCH DIE EPOCHEN

Auf der acht Kilometer langen Rundwanderung Bredekrunden im Nationalpark Saltfjellet-Svartisen überquert man auf Hängebrücken wildschäumende Gebirgsflüsse, entdeckt einige verlassene Bergbauernhöfe und zugleich die Schönheit der ursprünglichen Berglandschaft.

Förmlich „eingeklemmt" zwischen dem Fluss Ranelva und der Europastraße 6 liegt im Dunderlandsdalen die eher unscheinbare Ansiedlung Storvollen. Ein Ort wie viele andere, den Reisende auf ihrer Fahrt in den Norden oder Süden Norwegens passieren. Dennoch oder gerade deshalb ist man gut beraten, hier abzubiegen, sich eine Pause zu gönnen und von einem der Parkplätze unweit der Europastraße zu der außergewöhnlichen Rundwanderung Bredekrunden in den hier beginnenden Saltfjellet-Svartisen-Nationalpark aufzubrechen.

Hängebrücke über den Fluss Tespa

Mit jedem Meter, den man zurücklegt, dringt man tiefer in diese außergewöhnliche Landschaft ein und lässt zugleich das Rauschen des Verkehrs auf der Europastraße hinter sich. Geht man den durchweg gut markierten Rundweg gegen den Uhrzeigersinn, sind zunächst einige Höhenmeter über eine Anhöhe und anschließend hinunter zum Flussbett der Tespa zu absolvieren. Den reißenden Gebirgsfluss überquert man auf einer abenteuerlichen Hängebrücke und erreicht daraufhin, nach einem weiteren Anstieg, den Abzweig zum verlassenen Bergbauernhof Inner-Bredek (auch Indre Bredek). Diese verlassene Blockhütte liegt an einem Berghang oberhalb des Tespdalen und ist heutzutage als Notunterkunft mit zwei Schlafplätzen für Wanderer geöffnet.

Folgt man jedoch weiterhin dem ausgewiesenen Rundweg der Bredekrunden, trifft man nach einigen Gehminuten auf den ebenfalls verlassenen Hof Bredek, eine imposante Farm auf einer Hochebene, 320 Meter über dem Meeresspiegel gelegen. Bredek wurde in den 1830er-Jahren besiedelt und bis 1965 auf traditionelle, heute kaum

Panorama über die Bredek Alm und den Bredekfossen

vorstellbare Weise betrieben. Ohne Strom, fließendes Wasser oder eine Straßenanbindung wurde der Bergbauernhof von Generation zu Generation vererbt. Die Bewohner lebten, bis sie Bredek verließen, in den Holzhäusern mit Torfdächern und bestritten ihren Lebensunterhalt hauptsächlich durch Viehzucht, Ackerbau und die Jagd sowie etwas Handwerk. Nach einigen Jahren Leerstand übernahm das Rana-Museum den Hof und erhält ihn bis heute in seinem ursprünglichen Zustand. Im Sommer gibt es einige Tage des offenen Hofes, an denen man sich in den originalgetreuen Gebäuden umschauen und frische Waffeln oder andere Leckereien genießen kann.

Pause auf der Alm Bredek

Im weiteren Verlauf der Wanderroute durchquert man oberhalb des Flusses Stormdalsåga eine vielfältige Nationalpark-Landschaft, in der sich die Wassermassen ihren Weg durch ein tief eingeschnittenes Tal gebahnt haben. Am Wasserfall Bredekfossen stürzen die Fluten mit einem ohrenbetäubenden Rauschen rund 40 Meter in eine tiefe Schlucht. Etwas oberhalb des Bredekfossen kann man auf einer soliden Hängebrücke den Fluss überqueren und gelangt so zum Hof Granneset, der sich heute im Besitz der Staatlichen Norwegischen Forstverwaltung befindet und von dieser als Wanderunterkunft zur Verfügung gestellt wird. Granneset wurde um 1857 besiedelt und bis 1920 bewohnt.

Nach einer weiteren Pause ist es nun nur noch eine kurze Wegstrecke, bis schließlich der Abstieg zurück nach Storvollen beginnt – vorbei an Aussichtspunkten mit einem herrlichen Panoramablick und der Farm Stormdalshei sowie über eine letzte große Hängebrücke über den Fluss Ranaelva, bevor man wieder einen der beiden möglichen Ausgangspunkte dieser Wanderung erreicht.

Granneset – früher Bauernhof, heute Schutzhütte

INFO

Lage: Bredekrunden beginnt in Storvollen, etwa 45 Fahrminuten nördlich von Mo i Rana.

Wanderung:

- Länge: 8,8 Kilometer komplett; Anstieg von 325 Höhenmetern; Dauer: vier bis fünf Stunden (gesamte Wegstrecke). Die beste Zeit für diese Wanderung ist Ende Mai bis etwa Mitte Oktober.
- Es bieten sich zwei Parkplätze als mögliche Ausgangspunkte für die Wanderung an:
- 1. Beschriebene Variante: Parkplatz neben der Schule am Fluss Ranaelva, GPS: 66.505784, 14.914889
- 2. Alternative: Parkplatz am Parallelweg zur Europastraße, GPS: 66.502704, 14.902854
- Übersichtskarte und GPX Daten über QR Code auf *Nordlandblog.de*

Salten

Bootshaus in Tranøy

Salten

35. Storvika: Bezaubernde Bucht am Kystriksveien (Fv17)
36. Finnesjura und Finnesfjellet: Fabelwelt aus Stein
37. Halbinsel Forstranda: Ein Bergmassiv wie ein Schweizer Käse
38. Nonshaugen: Marmorfelsen, Meditation und Kultur
39. Insel Sandhornøya: Elche, Strände und Gipfel
40. Beiarn: Nationalparkkommune hinter den Bergen
41. Strandhüpfen bei Bodø: Südsee-Feeling über dem Polarkreis
42. Kjerringøy: Vom Handelsposten zum Sehnsuchtsziel
43. Ansiedlung Sjønstå: Tradition und Historie abseits der Europastraße 6
44. Sulitjelma: Verfall, Street-Art und ein Hauch von Wildnis
45. Litlverivassforsen: 223 Meter Wasserfall im Rago-Nationalpark

Skranstad
Holkestad
Såttonjárgga - Sandnes
Lommeren
Nordskot
Hopvatnet
Myklebostad
Nordfold
Valle
Mørsvik - Murgos
Helldalen
Brennsund
Movika
Gjerelvmoen
Rørstad
Tennvatnet
Ájdde
Strandå - Stradnjo
Bjørnsvika
NORDLAND
Straumsnes - Strávve
Sjunkan
Furnes
Høyvika
Stordalen
Megården
Kvig
Bringslimarka
Heggmoen
Grønåsen
Djupøsen
Bodø - Bådåddjo
Bliksvær
Seivåg
Fauske - Fuossko
Alsvika
Solvik
Mevær
Børelva
Tverråmoen
Sør-Arnøy
Grønli
E6
Rognan - Råggno
Nordfugløy
Stokkbruvika
Jakobsbakken
Vestvatnet - Vásstajávrátja
Inndyr
Moldjord
Sealfjellet
Storjord - Muodno
Røkland - Rivvka
Gjelset
Jarbrufjell
Dalmo
Reingarden
Neverdal
Storjord
Innlandet
Stormyrhalsen
Glomfjord - Klubmávuodna
Lønsdal - Luonos
Halsa
Leiråmoen
Fonndalen
0
30 km
35
36
37
38
39
40
41
42
43
44
45

35. Storvika: Bezaubernde Bucht am Kystriksveien (Fv17)

Die Umgebung der Bucht ist ein wahres Mekka für Fotografen aller Stilrichtungen – von architektonischen Highlights bis hin zur bildgewaltigen Kulisse um den langen Sandstrand, der beidseits von schroffen Bergen überragt wird.

Auf (s)einer Fahrt entlang des Kystriksveien (Fv17) passiert man zwangsläufig die Bucht Storvika und den wenige Kilometer entfernten Rastplatz Ureddplassen. Allerdings wird sich die Summe vieler interessanter Details sowie die schönste Aussicht nur denjenigen offenbaren, die zumindest einen kurzen Aufenthalt und einige Abstecher in dieser gewaltigen Kulisse einplanen.

Wie in einem Amphitheater der Natur liegt der 1,2 Kilometer lange feinsandige Strand der Storvika eingerahmt von einer gewaltigen

Sonnenuntergang in der Storvika

Bergkette, die diesem Ort ein ganz besonderes Flair verleiht. Seit 1995 führt der Kystriksveien (Fv17) in seinem Verlauf nördlich der Storvika durch den 3116 Meter langen Storvikskartunnelen und somit direkt durch dieses Bergmassiv. Folgt man am nördlichen Ausgang des Tunnels jedoch dem Hinweisschild nach Forstranda und anschließend vom Wegweiser zum Aussichtspunkt einem Teil der alten Route über den Pass Storvikskaret, öffnet sich am Endpunkt dieses kurzen Abstechers eine unglaubliche Aussicht: Aus rund 220 Meter Höhe liegt die gesamte Bucht Storvika dem Betrachter zu Füßen – ein gewaltiges Landschaftsbild, das nicht nur Fotografenherzen höher schlagen lässt.

Wer hingegen vom 480 Meter hohen Gipfel des Kobben auf den Sandstrand vor dem karibikblauen Meer hinabschauen möchte, kann den kleinen Parkplatz bei Storvikskaret zugleich als perfekten Ausgangspunkt für diese Wanderung nutzen. Immerhin ist hier bereits fast die Hälfte der Höhenmeter bewältigt … Der markierte

Wanderweg führt zunächst in Richtung Lappsteinan und von dort über den Bergrücken zum Kobben, an dessen steiler Abbruchkante man ein unvergessliches Panorama über diese nordnorwegische Küstenlandschaft genießen kann.

Neben einem Supermarkt, einem ansprechenden Rastplatz mit einigen Picknickplätzen und einem neu errichteten Campingplatz hält aber auch die Bucht selbst weitere Entdeckungen parat. Dazu gehört unter anderem die Steingewölbebrücke vom Rastplatz zum Strand, die nicht nur den Ausgangspunkt langer Strandspaziergänge, sondern zugleich ebenfalls ein sehenswertes Fotomotiv darstellt. An den nördlichen Ausläufern des Strandes, geschützt von mächtigen Gipfeln und einer langen Mole, liegt der Hafen der kleinen Ansiedlung Storvik. Die malerisch bunten Bootshäuser sowie die Ausrüstungen und Boote für die Fischerei ermöglichen interessante Einblicke in die Lebensweise und Traditionen entlang der nordnorwegischen Küste.

Bootshäuser im Hafen der Storvika

Ein eher skurriles, aber nicht weniger interessantes Kleinod erreicht man wenige Fahrminuten südlich von Storvik: Laut der britischen Zeitung „The Telegraph“ (März 2018) steht auf dem Rastplatz Ureddplassen „die schönste öffentliche Toilette der Welt“. Die architektonisch ansprechende Komposition aus Beton und Glas symbolisiert eine Meereswelle und thront wie eine Skulptur über der Küste. Die Ausrichtung des Platzes mit Blick über das offene Meer schafft übrigens auch gute Voraussetzungen, um in klaren Nächten die tanzenden Nordlichter zu beobachten oder zu fotografieren. Deshalb und aufgrund des ansprechenden Toilettenhäuschens halten auf dem Rastplatz inzwischen wohl mehr Fotografen, als Reisende mit anderen, dringenderen Bedürfnissen …

Die wohl meistfotografierte Toilette Norwegens

INFO

Lage: Die Bucht Storvika liegt etwa 100 Kilometer südlich von Bodø direkt am Kystriksveien (Fv17).

Einkehren:

- Restaurant & Café Heimsjyen: mit teilweise norwegischer Hausmannskost; Karivika 1, 8140 Inndyr, GPS: 67.034832, 14.026609, *heimsjyen.no*

Übernachten:

- Storviksanden Camping: bietet Wohnmobil-Stellplätze mit Strom; Strandveien 1, 8145 Storvik, *storviksanden.no*
- Reipå Camping: vermietet Campinghütten sowie Zelt- und Wohnmobil-Plätze; Reipåveien 194, 8146 Reipå, *reipacamping.com*

Rastplatz Ureddplassen: GPS: 66.950379, 13.631709

36. Finnesjura und Finnesfjellet: Fabelwelt aus Stein

Gleich zwei Highlights auf nur einer Wanderung bietet der Aufstieg zum Finnesfjellet, denn der Weg hinauf zu dieser grandiosen Bergformation passiert zugleich die scheinbar steingewordenen Fabelwesen von Finnesjura – für einige Wanderer sogar das eigentliche Ziel ihrer Tour.

Wanderer auf dem Finnesfjellet

Nur wenige Kilometer vom populären Storvikstranda entfernt befindet sich der kleine Weiler Finnes. Der Weg dorthin führt über eine enge Schotterstraße immer an der Wasserlinie entlang und macht bereits die Anfahrt zu einem Erlebnis. Da die Plätze auf der kleinen Parkfläche am Straßenrand begrenzt sind, empfiehlt es sich, frühzeitig zu dieser zunehmend populären Tour aufzubrechen.

Die rot markierte Wanderroute beginnt direkt gegenüber dem Parkplatz und führt schon bald in anspruchsvolles Terrain: Ein steiler Abschnitt folgt dem nächsten und mit jedem Schritt strebt man Höhenmeter um Höhenmeter dem Finnesfjellet entgegen. Besonders bei Nässe kann der Weg daher zu einer echten Herausforderung werden, weshalb robuste Wanderschuhe zu empfehlen sind. An einigen besonders steilen Stellen wurden Seile zur Sicherung angebracht, was der Tour einen abenteuerlichen Charakter verleiht.

Doch bereits nach den ersten 250 Höhenmetern wird man reichlich belohnt, denn da tauchen wie aus dem Nichts die bizarren Felsnadeln von Finnesjura auf. Eine willkommene Gelegenheit und ein optimaler Platz für eine längere Verschnaufpause. Direkt neben dem steilen Abgrund ragen hier einige bis zu 25 Meter hohe Steinsäulen aus dem Boden empor – eine fast surreale Szenerie, die absolut faszinierend wirkt und in dieser Form auch in Norwegen nur selten zu finden ist. Der Legende nach handelt es sich bei Finnesjura um Trolle, die versucht haben sollen, eine Brücke nach Grimstad auf der anderen Seite der Bucht Storvika zu bauen. Aber, wie so oft in den alten Geschichten, vergaßen sie die Zeit und verwandelten sich dadurch zu Stein. Wie auch immer: Heute bietet sich von den Felssäulen ein herrlicher Blick auf die Bucht Storvika. Und besonders im Licht der Abendsonne oder in klaren Vollmondnächten herrscht

Versteinerte Trolle Finnesjura

Ausblick während des Aufstieges zum Finnesfjellet

an diesem Ort eine fast magische Atmosphäre, die unweigerlich für schaurige Augenblicke sorgt.

Ungeachtet der Anstrengungen des ersten Wanderabschnitts ist es absolut empfehlenswert nun noch die letzten Höhenmeter zu bewältigen. Glücklicherweise ist der Pfad fortan weniger herausfordernd und nicht mehr so steil. Beim Verlassen des Waldes oberhalb der Baumgrenze betritt man eine weitläufige Hochebene mit flachem Bewuchs. Hier ist der Weg nicht immer eindeutig und die roten Markierungen sind schwerer auszumachen. Doch die Orientierung ist dennoch möglich, denn in der Ferne zeichnet sich bald eine Steinpyramide ab, die noch nicht das Ziel, aber bereits einen ersten atemberaubenden Aussichtspunkt markiert. An der Abbruchkante neben der Pyramide ist jedoch Vorsicht geboten, denn das Gelände ist abschüssig und es gibt keinerlei Sicherungen.

Entlang der Felskante führt der Pfad wie auf einem Bergkamm noch ein Stück weiter nach oben. Bald schon erscheint eine weitere Pyramide mit einem Gipfelbuch: Das Ziel, die Spitze des Finnesfjellet mit 504 Meter Höhe ist erreicht. Inmitten dieser urgewaltigen Landschaft von Bergen und Meer lohnt es sich, innezuhalten und die beeindruckende Aussicht auf den Gipfel des Sandhornet, die

Vogelinsel Fugløya und über die Weiten des Meeres zu genießen. Während einige Mutige über die Bergkante senkrecht in die Tiefe schauen, lauschen andere der Stille und genießen das Gefühl, dass hier oben die Zeit scheinbar etwas langsamer vergeht.

Rechts im Bild: Strand in der Storvika

INFO

Lage: Das Finnesfjellet liegt etwa 100 Kilometer südlich von Bodø unweit der Bucht Storvika neben dem Kystriksveien (Fv17).

Wanderung:

- Ausgangspunkt Finnes Parkplatz, GPS: 66.972810, 13.734758
- Länge: acht Kilometer komplett; Anstieg etwa 500 Höhenmeter; Dauer: zwei bis drei Stunden (gesamte Wegstrecke). Die beste Zeit für diese Wanderung ist von Anfang Juni bis Ende September.
- Übersichtskarte und GPX Daten über QR Code auf *Nordlandblog.de*

37. Halbinsel Forstranda: Ein Bergmassiv wie ein Schweizer Käse

Die zerfurchten Berge auf der Halbinsel von Forstranda sind ein aufregendes Ziel für Höhlenerkundungen, erlebnisreiche Outdoor-Abenteuer und familienfreundliche Wanderungen, die für alle Altersgruppen und Ansprüche geeignet sind.

Da muss man durch: Der schmale Noviktunnel, 1128 Meter lang, ist die einzige Zufahrt auf die landschaftlich bezaubernde Halbinsel an der Helgelandskysten. Etwas abseits der Küstenstraße Kystriksveien (Fv17) locken dort auf kleinstem Raum vielfältige Entdeckungen in der schroff zerklüfteten Bergwelt, deren Vielzahl an Grotten unweigerlich den Vergleich mit einem Schweizer Käse nahelegt.

Etwa anderthalb Kilometer nach dem Tunnelausgang bietet sich bereits eine erste Gelegenheit, um eine der Grotten in dieser Umgebung aufzusuchen. Von einer der nicht befestigten Parktaschen am Straßenrand führt ein markierter Pfad zum riesigen Eingang der populären Børsteinshola. Diese liegt in einer Höhe von etwa

Am Eingang der Børsteinshola

80 Metern über dem Meeresspiegel und ist bereits von der Straße aus zu erkennen. Der moderat steile Weg dort hinauf vergeht wie im Flug und nur 15 Minuten später steht man in dem gigantischen Felsgewölbe. Aufgrund seiner Dimensionen wird es auch als „Kathedrale von Novika" bezeichnet. Als Mensch fühlt man sich hier sehr klein – sollte sich aber dennoch die antiken Malereien an der Höhlendecke anschauen, in denen Abbildungen von Menschen und Tieren zu erkennen sind.

Etwas oberhalb der Børsteinshola befindet sich der Gipfel des Farnheia (auch Fornheia genannt). In einer Höhe von lediglich 174 Metern über dem Meeresspiegel bietet er dennoch eine Aussicht, um die andere Berge ihn beneiden würden. Insofern empfiehlt es sich, einen Besuch in der Børsteinshola mit dem Aufstieg zum Farnheia zu einer erlebnisreichen Rundwanderung zu kombinieren – zumal man nunmehr bereits fast die Hälfte der Höhenmeter bewältigt hat.

In diesem Fall folgt man nun dem Wanderpfad links von der Grotte, der im weiteren Verlauf auf ein Hochplateau führt. Dieses kann man auf eigene Faust erkunden und dabei sicherlich neben dem

Letztes Abendlicht auf dem Farnheia

Farnheia noch weitere Aussichtspunkte entdecken. In jedem Fall bekommt man für eine vergleichsweise geringe Anstrengung ein atemberaubendes Panorama geboten, das im warmen Licht der Abendstunden besonders märchenhaft wirkt. Für den Abstieg lässt sich anschließend der eigentliche Wanderpfad zum Farnheia nutzen, sodass man nach kurzer Zeit bereits wieder die Straße unweit vom ursprünglichen Ausgangspunkt dieser Rundwanderung erreicht.

Lønngangen ist eine weitere Höhle auf der Halbinsel und das ganze Gegenteil zur vier Kilometer entfernten Børsteinshola. Nachdem man auf dem kleinen Parkplatz am Straßenrand geparkt hat und dem markierten, kurzen Weg zur Grotte Lønngangen gefolgt ist, erreicht man deren schmalen Eingang. Hier beginnt ein enger Korridor, den Wasser und Eis über tausende Jahre geschaffen haben. Etwa 200 Meter kann man in diesem Höhlengang durch den Berg wandern. Wer sich durch die teils schmalen Passagen gezwängt hat, kann das Höhlensystem dort verlassen oder auf dem gleichen Weg durch den Berg zurückkehren. Es ist sehr aufregend und faszinierend, umgeben von der Dunkelheit die Höhlengänge zu erkunden und nach jedem Meter neue Kalk-

Eingang in die Lønngangenhola

Kalksteinformationen in der Lønngangenhola

Die Feuerstelle an der Höhle lädt zum Verweilen ein

steinformationen zu entdecken. Dazu sollte man ältere Kleidung mitbringen, die schmutzig werden kann, und seine Stirnlampe(n) nicht vergessen.

Als Höhepunkt wartet vor dem Höhleneingang unter einem Felsvorsprung eine geschützte Feuerstelle und somit ein perfekter Platz, um einen abenteuerlichen und erlebnisreichen Tag an einem Lagerfeuer ausklingen zu lassen.

INFO

Lage: Die Halbinsel ist nur wenige Fahrminuten vom Kystriksveien (Fv17) und der Bucht Storvika entfernt.

Ausgangspunkt der Höhlenwanderungen:

- Børsteinshola, GPS: 66.993826, 13.868563
- Lønngangen, GPS: 67.008752, 13.952592

Hinweise:

- Die beste Zeit für eine Wanderung auf den Farnheia ist an trockenen Tagen von Anfang Juni bis Ende September.
- Taschenlampe nicht vergessen!

38. Nonshaugen: Marmorfelsen, Meditation und Kultur

Vom unscheinbaren Parkplatz am Straßenrand erreicht man gleich drei Highlights: Ein „aussichtsreiches“ Wanderziel, ein exotisches Thai-Haus und eine beeindruckende Skulpturenlandschaft versprechen vielfältige Erlebnisse auf engstem Raum.

Es wirkt beinahe surreal: Ein asiatisch anmutendes Haus, das man in dieser Form eher in Thailand vermuten würde, steht hier in der rauen Natur Norwegens. Direkt am Ufer des Kjellingvatnet errichtet, wirkt das Thaihuset etwas einsam und verloren, während die gesamte Szenerie eine friedvolle Ruhe ausstrahlt. Im Sommer blühen dazu auf dem See zahlreiche Seerosen und um die Uferstelle des Thai-Hauses schmiegt sich das grüne Schilf. Einen beeindruckenden Kontrast zu der asiatischen Architektur bildet die unmittelbar benachbarte samische Gamme, eine traditionelle Jagd- und Fischerhütte der indigenen Bevölkerung Norwegens.

Thaihuset: Ort der Stille

Das thailändische Haus und die ursprüngliche samische Hütte sind Herzstücke des Kunstprojekts „The Nord Land". Nach der Fertigstellung dieser Gebäude überreichte man dem Bürgermeister symbolisch die Schlüssel, die aber gleich in den See geworfen wurden. Diese Geste symbolisiert die Idee, dass dieser besondere Ort der Ruhe und Reflexion jederzeit allen Menschen offen stehen soll. Mittlerweile hat sich das außergewöhnliche Ensemble zu einem lokalen Geheimtipp entwickelt und ist besonders bei den Einheimischen beliebt. Sie kommen ganzjährig hierher, um Ruhe zu finden, zu meditieren, zu übernachten oder im Winter auf dem zugefrorenen See Schlittschuh zu laufen.

Jagd- und Fischerhütte der Samen

Nicht weniger bemerkenswert ist die benachbarte Skulpturenlandschaft „Den Glømda Staden". Ohne die Geschichte hinter dem Kunstwerk zu kennen, hat man sofort das Gefühl, eine alte Siedlung zu betreten. Die Ruinen erinnern zunächst an Spuren mehrerer Gebäude, die hier gestanden haben. Durch die gut gewählte Lage mit

Blick auf den Fjord und die Berge kann man sich leicht vorstellen, dass sich hier vor langer Zeit Menschen niedergelassen haben.

Der schwedische Künstler Jan Håfström kam auf die Idee, nachdem er ein Bild eines zerstörten kurdischen Dorfes gesehen hatte. Es ging ihm nicht darum, die Szene nachzubilden, sondern die Spuren zu erforschen, die Menschen hinterlassen. Seine daraufhin geschaffene Skulptur öffnet einen Raum für Interpretationen: Sie kann sowohl darstellen, was einst war, als auch eine Fiktion – die Entscheidung überlässt Håfström dem Betrachter.

Doch die landschaftliche reizvolle Umgebung hat auch einige Naturerlebnisse zu bieten wie zum Beispiel die wenig bekannte

Ein Weg der sich lohnt: Aussicht vom Nonshaugen

Wanderung auf den Nonshaugen (213 Meter), dessen Gipfel durch besonders ausgefallene Kalkformationen und Marmorplatten geprägt wird. Um zum Berg zu gelangen, geht man nicht in Richtung des Thaihuset, sondern folgt stattdessen dem alten Forstweg rechts vom Parkplatz, bis ein unscheinbarer Wegweiser am linken Wegrand erscheint. Die weitere Tour ist nicht markiert, aber ein Trampelpfad lässt sich bis zum Gipfel erkennen.

Am Wanderziel angekommen, hat man eine großartige und ziemlich seltene Sicht auf das Dreigestirn der Berge Digra, Høgstjerna, Høgnakken. Nicht weit vom Gipfel entfernt soll sich übrigens der geheimgehaltene Eingang zur mysteriösen und zugleich riesigen Nonshauggrotta befinden. Die Höhle ist anderthalb Kilometer lang und hat mehrere Nebenhöhlen. Da das Betreten dieses Höhlenlabyrinths ohne fachkundigen Führer sehr gefährlich ist, gibt es dazu bislang nur wenige Publikationen und keinen offiziellen oder markierten Weg zum Höhleneingang.

INFO

Lage: Das Areal um den Nonshaugen liegt etwa 90 Kilometer südlich von Bodø direkt am Kystriksveien (Fv17) und nicht weit von der Storvika entfernt. Parkplatz analog zur Wanderung.

Wanderung:

- Ausgangspunkt Nonshaugen Parkplatz; GPS: 66.950634, 13.937787.
- Die beste Zeit für die Wanderung ist von Anfang Juni bis Ende Oktober.

Einkehren:

- Restaurant & Café Heimsjyen: mit teilweise norwegischer Hausmannskost; Karivika 1, 8140 Inndyr, GPS: 67.034832, 14.026609

Übernachten:

- Storviksanden Camping: bietet Wohnmobil-Stellplätze mit Strom; Strandveien 1, 8145 Storvik, *storviksanden.no*
- Heimsjyen hat auch einige moderne Gästezimmer zu vermieten: *heimsjyen.no*

39. Insel Sandhornøya: Elche, Strände und Gipfel

Nur eine Brückenpassage trennt Reisende auf der Küstenstraße Kystriksveien (Fv17) von der monumentalen Landschaft der Insel Sandhornøya, wo unter anderem der längste Sandstrand Nordnorwegens, Langsanden, zu einem ausgiebigen Strandtag einlädt.

Die Mehrzahl der Touristen folgt dem Kystriksveien (Fv17) auf dem direkten Weg entweder nordwärts zum Saltstraumen oder südwärts zum Gletscher Svartisen. Doch gerade die Abstecher, Umwege und Insel-Ausflüge enthüllen den einzigartigen Reiz der Helgelandskysten und bieten Entdeckungen fernab der ausgetretenen Pfade. Daher sollte man auch dem eher unscheinbaren Wegweiser nach Sandhornøya folgen, die Sandhornøy-Brücke überqueren und auf der Straße Fv472 in den Nordwesten der landschaftlich erstaunlich vielseitigen Insel fahren.

Langsanden macht seinem Namen alle Ehren

Die letzte Etappe bis zum Strand Langsanden führt über die Straße Fv478, wo man mit einer überdurchschnittlichen Wahrscheinlichkeit in der Morgen- oder Abenddämmerung Elche sehen kann. Regelmäßig stehen die Könige der Wälder im Licht der Dämmerung auf den Wiesen neben der Straße und posieren förmlich für die fotografierenden Touristen. Allein durch dieses unvergessliche Erlebnis lohnt sich bereits der Abstecher auf die Insel.

Nach wenigen Fahrminuten öffnet sich der Blick auf die Dünen- und Strandlandschaft von Langsanden, die sich wie ein Schutzwall aus Sand zwischen der Straße und der Brandung des Meeres erstreckt. Rechter Hand ragen steile Berge wie der Telnestinden oder der Kjølviktinden auf – eine gewaltige Wand aus Felsen, die den Strand förmlich einrahmt.

Sandhornøya ist ein perfekter Ort für lange Strandtage

Der Parkplatz am zwei Kilometer langen Sandstrand ist von der Kommune zugleich als Stellplatz für Wohnmobile zugelassen und in jedem Fall ein perfekter Ausgangspunkt für ausgedehnte Strandspaziergänge im Schein der Mitternachtssonne oder unter den tanzenden Nordlichtern. Trotz der typischen Temperaturen in Nordnorwegen wagen sich einige Mutige ins Wasser.

Dusch- und Toilettengebäude am Strand

Weiter auf der Straße gelangt man nach Mårnesskagen, einem hügeligen Gebiet im äußeren Nordwesten der Insel. Auf dem eher mediterran anmutenden, für Norwegen ganz untypischem Terrain aus Kalkstein wachsen äußerst seltene und weltweit geschützte Pflanzen, die man im Sommerhalbjahr bewundern kann.

In der Inselmitte überragt der Namensgeber von Sandhornøya, der 993 Meter hohe Berg Sandhornet, wie ein Wahrzeichen seine Umgebung. Die bekannteste Route der anspruchsvollen Wanderung auf den prägnanten Gipfel beginnt in Horsdal und überwindet auf einem teils steilen Anstieg rund 1000 Höhenmeter auf einer Länge von fünf Kilometern. Am Ziel wird man jedoch für jeden Höhenmeter entschädigt, denn die Aussicht von der Gipfelpyramide aus weißem Quarz reicht an klaren Tagen bis zu den Lofoten.

Mediterrane Landschaften in Mårnesskagen

Westküsten-Panorama Sandhornrøya

INFO

Lage: Die 103 Quadratkilometer große Insel liegt rund eine Stunde Fahrzeit südlich der Stadt Bodø.

Ausgangspunkt der Wanderung:

- Sandhornet, GPS: 67.094685, 14.051091

Einkehren:

- Elias-Blix-Haus: Geburtshaus des Dichters, heute Museum und Café mit lokalen Spezialitäten wie Møsbrømlefser oder Zimtschnecken; GPS: 67.129234, 14.064532

Übernachten:

- Parkplatz des Strandes Langsanden, der zum Übernachten für Wohnmobile zugelassen ist; GPS: 67.162860, 14.227647
- Wohnmobilstellplätze mit Strom sowie Ver- & Entsorgung am Joker Lebensmittelmarkt; GPS: 67.123239, 14.046963
- Følvika Northern Retreat: ausgefallene Übernachtungsmöglichkeit unter den exklusiven Glaskuppeln Følvika Eye und Eagle Eye, direkt am Meer mit 360-Grad-Rundumblick; Følvika 4, 8130 Sandhornøy, *northernretreat.no*

Hinweis: Fernglas und/oder Kamera im Anschlag für die Elch-Sichtungen nicht vergessen!

40. Beiarn: Nationalparkkommune hinter den Bergen

Verwöhnt von der Natur, umgeben von ikonisch schönen Landschaften zweier Nationalparks, liegt die Kommune Beiarn fernab aller Verkehrsströme, förmlich versteckt hinter einigen Bergmassiven in einem abgelegenen Tal und hat sich dadurch bislang den Status als Geheimtipp erhalten (können).

Beiarn ist eine wahre Schatztruhe an gänzlich verschiedenen, teils außergewöhnlichen Entdeckungen, die in der grandiosen Umgebung des abgeschiedenen Ortes auf Reisende warten – wenn sie dann bereit sind, ihre ursprüngliche Fahrtroute auf der Europastraße 6 oder der Küstenstraße Kystriksveien (Fv17) zu verlassen, um über einige Pässe und Nebenstrecken dieses versteckte Kleinod im Beiardalen zu erreichen.

Eingebettet in eine gewaltige Wildnis grenzt Beiarn im Süden an den Saltfjellet-Svartisen-Nationalpark und im Westen an den Láhko-Nationalpark. Die Bergmassive und Gletscher der Nationalparks

Auf Entdeckungstour in der Höhle Rønnåligrotta

dominieren daher auch die Landschaft um das Beiardalen und die Nebentäler in der Kommune, deren Ansiedlungen hauptsächlich in den Uferzonen des Flusses Beiarelva zu finden sind. Dieser mündet in einem spektakulären Delta am Talende in den Beiarfjord – eine Umgebung, die aufgrund ihres Lachsreichtums bei Anglern in ganz Norwegen bekannt ist.

Neben den Lachsanglern finden Wanderer und Naturliebhaber ebenfalls beste Bedingungen in der Talkommune. So soll es im Gråtådalen, einem Nebental des Beiardalen, rund 70 Grotten in den zerfurchten Berghängen geben. Eine davon ist die Rønnåligrotta oder Rønnåhøla, wie sie auch genannt wird. In der frei zugänglichen Höhle ergießt sich auf unglaubliche Weise ein unterirdischer Wasserlauf, der mit kraftvollem Getöse durch den Höhlenzugang abfließt – ein imposantes und relativ leicht zu erreichendes Schauspiel: Von der Straße Fv494 biegt man in das Gråtådalen ab, wo sich in rund drei Kilometer Entfernung der Parkplatz befindet. Dort beginnt der markierte, kurze Pfad zum vierkantigen Eingang der Höhle. Über eine Brücke und mithilfe einiger Ketten erreicht man den inneren Bereich der Rønnåligrotta,

Blick aus der Höhle Rønnåligrotta

Wasserfall in der Rønnåligrotta

wo das Wasser schäumend und brüllend durch die Felsen in die Tiefe stürzt.

Eine nicht weniger spektakuläre Inszenierung der Natur erwartet Besucher am Ende des teils steilen Fahrweges zum Bergsee

Seenlandschaft unterhlab des Ramsgjeltinden

Ramsgjelvatnet (auch Ramskjellvatnet). Dessen Wasser fließt über mehrere Felsen und einen Wasserfall in den darunter liegenden Litlevatnet. Zwischen den beiden Seen lädt ein Gapahuk (Holzunterstand) mit einer Feuerstelle zum Verweilen ein und bietet Schutz bei schlechtem Wetter. Die Einheimischen brechen vom Parkplatz zu verschiedenen Wanderungen auf, wobei die Gipfeltour auf den Ramsgjeltinden (1234 Meter über dem Meeresspiegel) zu den populärsten Routen zählt. Von seinem Gipfel reicht der Blick an klaren Tagen bis nach Schweden.

Zurück im Beiardalen empfiehlt sich als Nächstes der Besuch einer ganz besonderen Attraktion. Seit 2008 steht im Ortsteil Savjord die nördlichste Stabkirche Norwegens, nachdem sich der pensionierte Zimmermann Magnus Stensland einen Lebenstraum erfüllt hat. Inspiriert durch eine Postkarte der berühmten Stabkirche von Gol, konstruierte er nur anhand dieser Abbildung seine eigene Kirche und baute diese in den Folgejahren mit selbst angefertigten Werk-

Stabkirche von Savjord

Innenraum der Stabkirche

zeugen und ausschließlich mit Holz aus seinem eigenen Wald. In einem langen, harten Winter stellte er die 10.000 hölzernen Dachschindeln für seine Kirche her, die heute Platz für 25 Personen bietet und 2009 sogar die bischöfliche Weihe erhielt. Inzwischen

Aussicht vom Seglfjellet in den Beiarfjorden

finden dort regelmäßig Hochzeiten und vergleichbare Feierlichkeiten statt.

Folgt man der Straße weiter in Richtung Beiarfjord und hält sich dabei immer auf der nördlichen Seite des Flusses, trifft man nach rund neun Kilometern auf einen kleinen Parkplatz am rechten Straßenrand. Dies ist der Ausgangspunkt der wohl populärsten Wanderung in Beiarn, der Tour auf das Hochplateau des Seglfjellet. Der Pfad führt durch den Wald durchweg steil in die Höhe, sodass man auf einer relativ kurzen Distanz rund 645 Höhenmeter überwindet. Oberhalb der Baumgrenze beginnt die felsige Hochebene, von deren steil abfallender Kante ein schwindelerregender Blick auf den türkis schimmernden Fjord und das ikonisch schöne Delta des Beiarelva garantiert ist.

INFO

Lage: Beiarn befindet sich rund 100 Kilometer südöstlich von Bodø.

Ausgangspunkte der Wanderungen:

- Grotte Rønnåhøla, GPS: 66.875835, 14.650141
- Bergmassiv Seglfjellet, GPS: 67.015079, 14.573797
- Parkplatz Wandergebiet am See Ramsgjelvatnet, GPS: 66.945542, 14.856127

Einkehren:

- Beiarn Kro: Hier werden neben Pizza, wechselnden Tagesgerichten und Hamburgern auch ganz hervorragende regionaltypische Møsbrømelefse angeboten; Storjord, 8110 Moldjord, GPS: 66.989423, 14.759696

Übernachten:

- Beiarn Turistsenter: bietet Plätze für Wohnmobile und Zelte sowie die Vermietung einiger Hütten an; Vestre, Beiarveien 1028, 8114 Tollå, *beiarn-turistsenter.com*
- Zimmer- und Appartementvermietung im Beiarn Hotel; *beiarnhotell.no*

Website: *beiarpuls.no*

41. STRANDHÜPFEN BEI BODØ: SÜDSEE-FEELING ÜBER DEM POLARKREIS

Bodø ist für die meisten Reisenden bislang oft nur ein Meilenstein auf ihrer Reise in Norwegens Norden oder Süden. Dabei sind (nicht nur) die nahe gelegenen südländisch anmutenden Buchten mit ihren Traumstränden ein guter Grund, etwas mehr Zeit für die Region einzuplanen.

Norwegens zerklüftete Küste mit ihren tief eingeschnittenen Fjorden und schier unzähligen Inseln gilt als längste Küstenlinie Europas. Daher ist es nicht verwunderlich, dass sich hier zahlreiche schwer zugängliche Buchten und versteckte Sandstrände entdecken lassen, die teils nur mit dem Boot oder am Ziel längerer Wanderungen zu erreichen sind. Insbesondere nördlich des Polarkreises sind diese malerischen Orte zumeist von steil aufragenden Bergen umgeben, die dieser Szenerie einen fast surrealen Reiz wie in exotischen Gefilden verleihen. Überdies haben Besucher den Vorteil, dass im Sommer die meisten Strände Nordnorwegens im goldenen Schein der Mitternachtssonne erstrahlen und selbst an heißen Tagen fast menschenleer sind.

Nördlich der norwegischen Metropole Bodø finden Reisende eine erstaunliche Konzentration fantastischer und dennoch sehr

Abendstimmung in der Bucht Mjeldevika

unterschiedlicher Strände, die denen auf den Lofoten in nichts nachstehen und größtenteils dennoch bislang hauptsächlich von Einheimischen aufgesucht werden.

Als landschaftlich herausragendes Kleinod präsentieren sich die Strände im Naherholungsgebiet bei Mjelle – nicht allein aufgrund ihrer prädestinierten Lage unterhalb des Bergmassivs Mjelletinden, sondern auch durch ihre teils einzigartig violette Färbung des Sandes. Besonders der Mjellestrand auf der Nordseite der Landzunge Buholmen schimmert aufgrund einiger Graniteinschlüsse in einem schillernden Farbmix. Das gesamte Areal um die Bucht Mjeldevika mit einigen Picknickplätzen sowie Feuerstellen liegt rund 20 Minuten Fahrzeit von Bodø entfernt und ist über die Stra-

Mineralien sind der Grund für die violette Strandfarbe

ße Fv834 in Richtung Festvåg gut zu erreichen. Am Wegweiser nach Mjelle biegt man auf den Mjelleveien ab, der nach rund drei Kilometern am befestigten Parkplatz in der Bucht Mjeldevika endet. Hier beginnt der Küstenspaziergang, auf dem man zunächst den weißsandigen Strandbereich und nach rund 1,3 Kilometern den farbigen Teil vom Mjellestrand erreicht, wo übrigens in der Zeit der Mitternachtssonne unvergessliche Momente garantiert sind.

Auf dem soeben beschriebenen Mjelleveien passiert man zunächst die kleine Anhöhe Futskaret, wo sich auf der rechten Straßenseite ein weiterer Parkplatz befindet. Unterhalb dieser Parkfläche beginnt die kurze und einfache Wanderung zur Bucht Auvika, die man nach rund 15 bis 20 Minuten erreicht. Viele Einheimische betrachten den Strand von Auvika als den schönsten in der Region, was vor allem auf seinen besonders weißen Sand zurückzuführen ist. Tatsächlich leuchtet der feine Sand regelrecht in einem strahlenden Weiß und macht die Bucht zu einem idealen Ort für entspannte Strandtage. Die große Grasfläche hinter dem Auvika-Strand ist ein optimaler Platz für Übernachtungen im Zelt oder Fußballspiele und andere Aktivitäten.

Man kann den Aufenthalt in der Auvika perfekt mit der Wanderung zu einem weiteren Strand kombinieren, der aufgrund seines prägnanten Erscheinungsbildes inzwischen über die Region hinaus bekannt ist: Hovdsundet ist ein Doppelstrand unterhalb einiger Klippen und für viele Besucher *das* Highlight in der Umgebung Bodøs. Man mag kaum glauben, dass der Anblick vor einem real

Karibikflair am Doppelstrand von Hovdsundet

ist, wenn man den letzten Aufstieg bewältigt hat und der weiße Doppelstrand mit türkisfarbenem Wasser auf beiden Seiten in Sicht kommt. Allerdings benötigt man bis dahin von der Bucht Auvika noch eine gute Stunde auf einem teils herausfordernden, nicht markierten Wanderweg über Felsblöcke, Geröllfelder und einige ausgesetzte Abschnitte. Daher kann die Wanderung zum Doppelstrand von Hovdsundet für Kinder etwas steil und zu anstrengend sein und ist nur bei guten Wetterbedingungen zu empfehlen.

Nicht zu verwechseln mit der eben beschriebenen Auvika, lockt etwas südlicher, nur rund 15 Minuten Fahrzeit außerhalb von Bodø, die weit ausladende Bucht Ausvika – ein empfehlenswerter Ort, besonders, wenn man beispielsweise die Wartezeit auf die Fährpassage von Bodø nach Moskenes überbrücken möchte. Die große Wiesenfläche mit Bänken und Feuerstellen sowie der flach abfallende Strand machen Ausvika überdies zu einem beliebten Ausflugsziel für Familien. Auf den Felsen in der Nähe ist es schön zu angeln, und wer mag, kann das Strandleben optimal mit kleinen Wanderungen kombinieren. Die kurzen Touren auf den Geitnakken (80 Meter über dem Meeresspiegel) oder den Gjura (160 Meter über dem Meerespiegel) versprechen einen großartigen Ausblick über das Meer, den Strand und die Küstenlandschaft am Landegodefjord.

INFO

Lage: Als Küstenstadt liegt Bodø direkt am Nordmeer und ist somit ein bedeutender Hafen in der Provinz Nordland sowie ein Sprungbrett auf die Lofoten. Nur wenige Kilometer nördlich von Bodø der Fv834 folgend, reihen sich die malerische Buchten wie Perlenketten aneinander.

Ausgangspunkte zu den Stränden:

- Mjelle Strand Parkplatz, GPS: 67.412104, 14.629209
- Auvika und Hovdsundet Parkplatz,
  GPS: 67.407200, 14.633462
- Bucht Ausvika Parkplatz, GPS: 67.336012, 14.499059

42. Kjerringøy: Vom Handelsposten zum Sehnsuchtsziel

Im Herzen der zerklüfteten Küstenlinie Nordlands, umgeben von steilen Bergen und dem Meer, liegt die Halbinsel Kjerringøy – ursprünglich nur ein Handelsposten und heute ein Postkartenidyll, das zunehmend mehr Besucher anzieht.

Lediglich eine Autofahrt von rund 30 Minuten und eine kurze Fährpassage trennen das pulsierende Leben im urbanen Bodø von der stillen Halbinsel Kjerringøy, die Besuchern mitunter den Eindruck vermittelt, sich auf einer einsamen Insel zu befinden. Die alpinen Bergmassive des Sjunkhatten-Nationalparks schneiden die Halbinsel im Osten förmlich vom Festland ab, und daher sind die kleinen Ansiedlungen im Westen von Kjerringøy nur über die Fährpassage aus Richtung Bodø zu erreichen – wohl einer der Gründe, warum sich Kjerringøy bis heute seinen ursprünglichen und unverwechselbaren Charme erhalten hat. Eine Oase der Entschleunigung und verwöhnt von der Natur!

Fähre nach Kjerringøy

Bereits von Bord der Fähre offenbart sich der erste von vielen prächtigen Sandstränden, die sich entlang der einzigen Straße nach Norden erstrecken. Die einsamen Buchten mit strahlend weißen Stränden vor dem türkisblauen Meer wirken hier, nördlich vom Polarkreis, fast surreal. Die Versuchung, sich sofort in die Fluten zu stürzen, ist entsprechend groß, doch die erste Begegnung mit dem kalten Wasser erinnert schnell daran, dass man in Nordnorwegen und nicht in exotischen Gefilden unterwegs ist.

Küste von Kjerringøy

So gelangt man nur einige Buchten und Sandstrände später zur Kjerringøy Handelssted. Der aus dem 19. Jahrhundert stammende Handelsposten umfasst 15 farbenfrohe Gebäude, die sich malerisch am Kjerringøysund verteilen und heute unter Denkmalschutz stehen. Das sorgfältig bewahrte Anwesen entführt seine Besucher auf eine Zeitreise in die Blütezeit der traditionellen Nordlandboote und Jekten. Eine gute Zeit für Nordnorwegen, geprägt von einem wirtschaftlichen Aufschwung durch den Bootsbau, den Handel mit Stockfisch und der Produktion von Tran. Kjerringøy Handelssted steht neben vergleichbaren Orten für diesen Wendepunkt in der

Historische Handelsstation Kjerringøy

Geschichte Nordnorwegens, denn diese Handelsposten beendeten das Monopol der südlichen Städte beim Handel mit Fisch. Die Überschüsse verblieben nun im Norden und verhalfen der Region zu Fortschritt und Reichtum. Dies wird vor allem im Hauptgebäude durch eine prächtige Inneneinrichtung wie beispielsweise einzigartige französische Tapeten und prunkvolle Himmelbetten sichtbar. Das erhaltene Interieur wirkt so authentisch, als sei das Gebäude erst gestern verlassen worden.

Gleich neben dem Hauptgebäude befindet sich der alte Kramladen, wo viele der Waren, die hier im 19. Jahrhundert und Anfang des 20. Jahrhunderts verkauft wurden, noch immer in den Regalen stehen. Im Bootshaus wartet eines der ältesten erhaltenen Nordlandboote, ein gekrümmter Achterling (Baujahr etwa 1820) auf seine Besucher, aber auch ein Blick in die ehemaligen Räume der Bäckerei und Schmiede ist lohnenswert.

Kjerringøy Handelssted ist heute eines der wichtigsten Baudenkmäler des Landes und die am besten erhaltene Anlage dieser Art in Nordnorwegen, weshalb sie auch ganzjährig ein begehrtes

Fotomotiv darstellt. Im Sommer lockt zudem der Duft von selbst gebackenem Brot und hausgemachten Kuchen viele Besucher der alten Handelsstätte in das Café Fjøsen, einem urigen Ort in der alten Scheune.

Gleich um die Ecke wartet bereits ein weiteres kulinarisches Highlight: Die Käserei mit dem Café Markens Grøde hat in den Sommermonaten für Gäste geöffnet. Neben den hausgemachten Erzeugnissen wie leckeren Käsesorten und selbst erzeugten Würsten sind die verführerisch duftenden Zimtschnecken ein Highlight, das man sich nicht entgehen lassen sollte. Tipp: Die Elch-Salami ist eine echte Delikatesse und gleichermaßen ein beliebtes Mitbringsel. Darüber hinaus wird hier noch eine weitere regionaltypische Spezialität angeboten, die von den Einheimischen ebenso wie von deren Gästen geschätzt wird: Die Region Salten ist bekannt für Møsbrømelefse, einem dünnen Teig, der auf einer Platte erhitzt und vor dem Servieren mit „Søvel", einer warmen Sauce aus süßem braunen Ziegenkäse gefüllt wird.

Ansiedlung um die Handelsstation Kjerringøy

Låter ist ein Mekka für Familien und Outdoor-Enthusiasten

Die wahre Schönheit Kjerringøys zeigt sich in den zahlreichen, wie Perlen aufgereihten Stränden und Buchten, die sich vom Süden bis in den Norden der Halbinsel erstrecken. Im Fjære-Naturreservat findet man beispielsweise den größten Strand von Kjerringøy – Fjærvika-Strand, der zu ausgedehnten Strandspaziergängen einlädt. Bei Familien besonders beliebt ist die flache Landschaft um die Buchten bei Låter. Schwer zu sagen, welcher Strand tatsächlich der schönste ist ...? Doch dem Reiz der kontrastreichen Landschaft um die Strandåvika mit den charakteristischen Gipfeln des Strandåtinden und des Eidetinten vor der Küstenlinie kann man sich wohl nur schwerlich entziehen...

Herbstidyll am Strand Strandåvika

Bootshäuser vom Kjerringøy Bryggehotell

INFO

Lage: Kjerringøy befindet sich gerade einmal 30 Kilometer nördlich von Bodø. Ab dem Fähranleger Festvåg ist die Halbinsel über die kurze Fährpassage mehrmals täglich zu erreichen.

Einkehren:

- Kjerringøy Bryggehotell: kulinarischen Highlights mit vorwiegend norwegischen Gerichten; Kaiveien 135, 8093 Kjerringøy, GPS: 67.521428, 14.761999
- Kjerringøy Handelsted: mit lokalen Spezialitäten und hausgebackenen Kuchen; Fylkesveg 571, 8093 Kjerringøy, GPS: 67.519040, 14.753544
- Kjerringøy Ysteri: Käserei, Hofladen und Café in der Sommersaison; Kjerringøyveien 1149, 8093 Kjerringøy, GPS: 67.519726, 14.763442

Übernachten:

- Im Kjerringøy Bryggehotell kann man Zimmer und Hütten buchen; *kjerringoybryggehotell.no*
- Kjerringøy Camping: vermietet Ferienhütten und Stellplätzen für Wohnmobile;
  Nevelsfjordveien 120, 8093 Kjerringøy,
  kjerringoy.info/kjerringoslashy-camping.html

Website: *kjerringoy.com*

43. Ansiedlung Sjønstå: Tradition und Historie abseits der Europastrasse 6

Auf dem Weg nach Sulitjelma lenkt nach wenigen Kilometern eines der typischen braunen Sehenswürdigkeitenschilder die Aufmerksamkeit auf die historische Siedlung Sjønstå – einem seltenen Ensemble historischer Holzhäuser am Ufer des Sees Øvervatnet.

Historische Hofanlage Sjønstå

Die Geschichte dieses Ortes reicht bis in das Jahr 1665 zurück, als die Ansiedlung Sjønstå erstmals in den Steuerregistern erwähnt wurde. Es wird vermutet, dass einige Elemente der Hofgebäude noch aus dieser Zeit stammen. Um das Hofanwesen zu besichtigen, überquert man vom Parkplatz am Ufer des Sjønståelva den Fluss über die malerische Hängebrücke aus dem Jahr 1920 – hier beginnt also die Zeitreise.

Heute besteht Sjønstå aus 22 Gebäuden, die eng aneinander gedrängt das Seeufer säumen. In früheren Zeiten waren diese sogenannten Clusterhöfe weit verbreitet, um möglichst viel Fläche für die Landwirtschaft zu nutzen und sich gegenseitig Schutz gegen allerlei Unbilden zu geben. Die gut erhaltene Ansiedlung wirkt dadurch sowie aufgrund der malerischen Holzhäuser wie eine Kulisse für einen historischen Film. Es ist angesichts des Komforts unserer Tage nur schwer vorstellbar, dass einige der Häuser bis 1973 bewohnt waren. Inzwischen werden sie noch vereinzelt als Ferienhütte genutzt.

Spätsommer auf dem Hof Sjønstå

Sjønstå erlangte einst eine große Bedeutung für die zunehmende Industrialisierung von Sulitjelma. Am Seeufer von Sjønstå befand sich der nächstgelegene Hafen, von dem aus das abgebaute Erz aus Sulitjelma auf Booten weitertransportiert werden konnte. Man brachte es über die Seen Øvervatnet und Nedrevatnet nach Finneid, von wo es in die ganze Welt verschifft wurde. Anfänglich erfolgte der Transport von Sulitjelma nach Sjønstå mit Pferden und Schlitten, später mithilfe der Sulitjelma-Eisenbahn. Dies führte dazu, dass sich Sjønstå allmählich zu einem bedeutenden Verkehrsknotenpunkt entwickelte. In dieser Zeit lebten hier rund 300 Menschen. Doch der Aufschwung nahm ein jähes Ende, als die Eisenbahnlinie 1956 durch drei Tunnel direkt bis nach Finneid verlängert wurde.

Heute wird Sjønstå Gård als der einzige verbliebene Clusterhof in Nordnorwegen angesehen und ist daher seit 2006 von der Nationalen Denkmalbehörde geschützt.

Einige Nachkommen der einstigen Bewohner engagieren sich heute in einem lokalen Verein für den Erhalt der ursprünglichen Ansiedlung, und man ist jederzeit herzlich eingeladen, diesen idyllischen Ort mit seinem historischen Flair zu besichtigen. Um den Aufenthalt zu versüßen und die Erhaltungsmaßnahmen zu finanzieren, werden im Sommer von Vereinsmitgliedern hausgemachte Møsbrømlefse, eine regionale Spezialität, sowie Kaffee im Folkets Hus (Volkshaus) neben dem Parkplatz angeboten.

Blick aus der Svarthammarhola ins Tageslicht

Aufgrund der besonderen geologischen Beschaffenheit der umliegenden Berge gibt es in der unmittelbaren Umgebung einige Grotten wie die Storhellarhola und die Svarthammerhola. Letztere ist ein besonderes Highlight, denn die Gänge dieser Höhle sollen einige Kilometer in den Berg hineinreichen. Dort befindet sich zugleich ein unterirdischer Gletscher – selbst im naturgewaltigen Norwegen eine Besonderheit. Direkt vom Parkplatz neben der Straße Fv830 führt ein kurzer, aber steiler und teils beschwerlicher Pfad zum Eingang der Höhle. Bereits am Eingang der Grotte ist es extrem kalt und im Inneren dieser steinernen Fantasiewelt herrscht absolute Dunkelheit.

Zunehmende Steinabbrüche vor und in der Höhle machen eine Besichtigung leider zu einem kaum kalkulierbaren Risiko, weshalb inzwischen auch einige renommierte Höhlenforscher vor den Gefahren beim Betreten der Höhle warnen!

Gletscher in der Höhle Svarthammarhola

Straße durch das Sjønstådalen

INFO

Lage: Sjønstå Gård befindet sich etwa 20 Kilometer südöstlich von Fauske und damit von der Europastraße 6 entfernt.

Ausgangspunkt der Wanderung:

- Grotte Svarthammerhola, GPS: 67.231108, 15.511634. Das Betreten der Höhle ist gefährlich und geschieht auf eigene Verantwortung!

Einkehren:

- Folkets Hus Sjønstå: In der Sommersaison werden im Volkshaus Kaffee, süße Speisen und Lefse kredenzt; Sjønstågårdveien, 8230 Sulitjelma, GPS: 67.204918, 15.714407

Übernachten:

- Bobilplass Fauske: bietet im Ort Wohnmobil-Stellplätze mit Stromanschlüssen; Sjøgata 46-50, 8200 Fauske, GPS: 67.257256, 15.383837
- Scandic Fauske: In dem Hotel im Zentrum von Fauske gibt es Gästezimmer in verschiedenen Preislagen; Storgaten 82, 8200 Fauske, *scandichotels.de*

44. Sulitjelma: Verfall, Street-Art und ein Hauch von Wildnis

Am Rande der Europastraße 6, oft nur im Vorüberfahren wahrgenommen, lenkt ein unscheinbarer Wegweiser die Aufmerksamkeit nach Sulitjelma. Ein Ort, der eine faszinierende Mischung aus spürbaren Verfall, offensichtlichem Niedergang, aber auch einem kraftvollen Neubeginn, urbaner Kunst sowie einer grandiosen Natur bietet.

Nimmt man sich die Zeit und biegt von der Europastraße 6 ab, folgt man fortan der Straße Fv830, die größtenteils auf der ehemaligen Trasse der Sulitjelma-Eisenbahn verläuft. Als diese Bahnstrecke 1892 eröffnet wurde, war es die erste Eisenbahnlinie in Nordnorwegen. Zugleich bot sie die einzige Möglichkeit, nach Sulitjelma zu gelangen, wenn man nicht zu Fuß gehen wollte. Und die Menschen wollten hierher – denn in dem Tal gab es große Erzvorkommen und damit Arbeit.

Im Jahr 1858 fand der Same Mons Petter in den Bergen um Sulitjelma einen glänzenden Stein, und dachte zunächst, es könnte Gold sein. Es stellte sich heraus, dass es Kupferpyrit war und damit begann für die Menschen im Tal eine abenteuerliche Epoche. Ab 1887 wurde das Erz abgebaut, und eine wahre Goldgräberstimmung machte sich breit, denn hier war gutes Geld zu verdienen, hier gab es Arbeit im sonst armen Nordnorwegen. In diesen Zeiten des Aufschwungs lebten hier rund 4000 Einwohner, von denen heute nur noch etwa 400 verblieben sind, nachdem 1991 der Bergbau überraschend eingestellt wurde. Ein Großteil der Einwohner war gezwungen, auf der Suche nach Arbeit die Heimat zu verlassen. Seither verfallen die alten Bergbaugebäude, die in-

Jakobsbakken

Abenteuerspielplatz nicht nur für Kinder

zwischen schon fast wieder eine faszinierende, eher morbide Ausstrahlung haben, wie man es von anderen populären Lost Places auf dieser Welt kennt.

Oberhalb von Sulitjelma, an der Grenze zum Junkerdal-Nationalpark, liegt die ehemalige Bergarbeitersiedlung Jakobsbakken. Die ursprünglich kleine samische Siedlung in den Bergen wurde ab 1896 sprunghaft ausgebaut, da hier das meiste Erz der Region gefördert wurde. Schon bald lebten hier rund 300 bis 400 Menschen, die stolz auf ihren Dorfladen, das Postamt, die Schule und eine eigene Bibliothek waren. Um die Jahrhundertwende errichtete dann die Bergbaugesellschaft für ihre Angestellten farbenfrohe Wohnblöcke aus Holz. Heute werden die Wohnungen in den verbliebenen Häusern als Ferienunterkünfte oder als Basecamp für Touren in die umliegende, oft noch wild-ursprüngliche Natur genutzt.

Schichtbus vor dem Bergwerk

An klaren Tagen reicht der Blick von Jakobsbakken auf einige der höchsten Berge in Norwegen und Lappland wie den Stortoppen oder den Otertinden. Dort ist auch das blau leuchtende Eis des Gletschers Sulitjelmabreen auszumachen. In der anderen Richtung ist in der Ferne der Suliskongen, der zweithöchste Gipfel Nordnorwegens, zu erkennen.

Unterhalb von Jakobsbakken, unweit vom Ufer des Sees Langvatnet, liegt der Ortsteil Fagerli. Dort stehen wie ein furchteinflößendes Mahnmal die Ruinen der alten Schmelzhütte – einsturzgefährdete Mauern mit leeren Fensteröffnungen, die an längst vergangene Zeiten erinnern (sollen). Unmittelbar daneben befindet sich das Bergbaumuseum, in dem man mehr über die Geschichte der Gruben und der Erzgewinnung in der Region erfährt. Nicht weit entfernt davon können Besucher in den Sommermonaten ein Schaubergwerk besuchen und mit der Grubenbahn gut anderthalb Kilometer in eine der stillgelegten Minen einfahren.

Ruinen der ehemaligen Schmelzhütte

2015 erhielten sieben internationale Künstler die Gelegenheit etwas Farbe und Leben in die graue Tristesse von Sulitjelma zu bringen. Im Ergebnis schmücken heute farbenfrohe, großformatige Kunstwerke die alten Mauern und machen aus Teilen der Bergbausiedlung eine riesige Galerie. Zugleich schließt sich auf diese Weise der Kreis, denn an einer riesigen Betonmauer hat der Street-Art-Künstler Stein Litz auf ansprechende Weise Mons Petter verewigt – den Samen, der damals das erste Erz fand und mit dem die Blütezeit dieser Region begann …

Farbenfrohe Street-Art-Motive auf grauem Beton

INFO

Lage: Sulitjelma befindet sich etwa 40 Kilometer südöstlich von Fauske.

Aktivitäten:

- Sulitjelma Gruvemuseum: Fagerli 41, 8230 Sulitjelma, GPS: 67.121072, 16.096850, *nordlandsmuseet.no*

Einkehren:

- Sulitjelma Hotell: mit teils typischen norwegischen Gerichten; Andreas Qualesgate 15, 8230 Sulitjelma, GPS 67.143205, 16.020481

Übernachten:

- Sulitjelma Hotell: mit Zimmern in verschiedenen Preislagen; *sulitjelmahotell.no*
- Sulitjelma Turistsenter: ganzjährig geöffneter Campingplatz; Dajaveien 1, 8230 Sulitjelma, *sulitjelmaturistsenter.no*

45. Litlverivassforsen: 223 Meter Wasserfall im Rago-Nationalpark

Im Rago-Nationalpark offenbart sich am Ziel einer unvergesslichen Tageswanderung eine fast mythisch anmutende Szenerie: 223 Meter stürzen die Wassermassen aus dem Bergsee Litlverivatnet in die Tiefe und bahnen sich dort, im engen Storskogdalen, ihren Weg zum Meer.

Nordöstlich von Bodø, angrenzend an die schwedischen Nationalparks Padjelanta, Sarek und Stora Sjöfallet markiert der Rago-Nationalpark den norwegischen Zugang zur vielleicht letzten großen Wildnis Europas. Eine unberührte und urwüchsige Landschaft aus Wäldern, Gletschern, Felsen, Schluchten und Gebirgsflüssen – eine raue Welt ungestümer Natur und somit ein Traumziel für Outdoor-Enthusiasten, die in diesem Gelände teils wochenlang unterwegs sind.

Wildnis des Rago Nationalparks

Sobald man nördlich von Bodø von der Europastraße 6 auf den Laksholveien abbiegt, erreicht man in dessen Verlauf zwei Parkplätze, die als Ausgangspunkte für Wanderungen im Rago Nationalpark zugleich verschiedene Optionen der Tour zum Litlverivassforsen ermöglichen. Die direkte, nachfolgend beschriebene Tageswanderung zum Wasserfall beginnt am ersten Parkplatz Litjsand. Dort befindet sich auch eine Infotafel sowie eine Feuerstelle. Direkt gegenüber den Parkflächen führt ein markierter Waldweg über einen schweißtreibenden Anstieg schnell auf eine Höhe von 400 Metern und im weiteren Verlauf über ein Hochplateau mit hügeligem Terrain. Spätestens jetzt hat man das Gefühl der Zivilisation entflohen zu sein. Hier offenbart sich die Weite der Landschaft in ihrer vollen Pracht, während die wahren Dimensionen des Nationalparks in der Ferne geheimnisvoll bleiben. Auf der Hochebene durchquert der Trail, teilweise auf Holzbohlen, ein Hochmoor sowie einige, teils morastige Senken. Die anschließenden Passagen werden felsiger und zum Überwinden einiger besonders großer Felsbrocken stehen zumindest Seile sowie Treppen zur Verfügung. Bei Nässe ist auf dieser Etappe Vorsicht geboten, denn die Felsen sind dann zumeist glatt und an einigen ausgesetzten Stellen nicht ganz ungefährlich.

Bevor der Wasserfall in Sichtweite kommt, kann man bereits in das tief eingeschnittene Storskogdalen hinunter blicken. Dort mäandert der Fluss Storskogelva mit seiner unwirklich türkisgrünen Farbe – eine faszinierende Ansicht, die den Betrachter wohl zunächst an einen Regenwald erinnert. Es ist von diesen Aussichtspunkten nicht mehr weit bis zum Ziel – der letzte Abschnitt entlang des Bergmassivs Grisryggen muss noch überwunden werden, bevor man endlich

Fast geschafft: oberhalb des Litlverivassforsen

Die Brücke über den Litlverivassforsen ermöglicht eine Rundwanderung

freie Sicht auf das gigantische Panorama am Litlverivatnet erhält. Die Wassermassen stürzen aus diesem Bergsee 223 Meter in die Tiefe und münden im Tal in den Storskogelva. An diesem Ort entfaltet die Natur ihre ganze Kraft und versetzt die Wanderer zweifellos in ehrfürchtiges Staunen.

Um diese Szenerie perfekt einzufangen, sollte man bereits einige Meter vor dem Wasserfall und der Hängebrücke, noch vor der letzten Passage über den Grisryggen, einen ausgiebigen Fotostopp einlegen.

Nun hat man die Wahl, ob man die gleiche Route zurückgeht oder über die Hängebrücke seinen Weg fortsetzt und die Tour so zu einer längeren Rundwanderung kombiniert. Wer diese, in Summe 20 Kilometer lange Wegstrecke nicht an einem Tag zurücklegen möchte, kann im Nationalpark übernachten. Dafür steht Wanderern die einfache Schutzhütte Storskogvasshytta mit vier Schlafplätzen kostenlos zur Verfügung.

Egal für welche Variante der Tour man sich entscheidet – ein Ausflug in den Rago-Nationalpark ist abwechslungsreich, herausfordernd und ein Muss für alle Naturliebhaber.

INFO

Lage: Der Rago-Nationalpark befindet sich nahe der schwedischen Grenze, etwa 80 Kilometer nordöstlich von Bodo.

Wanderung:

- Ausgangspunkt: Parkplatz, GPS: 67.441752, 15.742817
- Länge: zwölf Kilometer komplett; Anstieg: etwa 550 Höhenmeter; Dauer: fünf bis sechs Stunden (gesamte Wegstrecke). Die beste Zeit für diese Wanderung ist von Ende Juni bis Mitte September.
- Übersichtskarte und GPX Daten über QR Code auf *Nordlandblog.de*

Steigen und Ofoten

Leuchtturm Tranøy Fyr vor der Lofotenwand

Steigen und Ofoten

46. Nordskot: Schären und Strände am Ende der Welt
47. Engeløya: Eine Insel von Engeln erschaffen?
48. Tranøy: Leuchtturm und Dorfidyll
49. Kjerna: Nordnorwegens Preikestolen
50. Stetind: Norwegens Nationalberg

Austre Kanstad
Kjerstad
Tjeldøya
Kilstad
Morfjorden - Murafierda
Laukvika
Skjelvika
Hesten
Lødingen
Hustadstranda
Ytterstad
Valle
49
Pippira sijda
Valen
Hierenjárgga - Korsnes
Rássenjárgga
Storvolla
48
50
Svolvær
Tranøya
Áhkávuonnjárgga - Stefjordneset
Vuodnagie - Stefjordb
Vassbotn
NORDLAND
Hulløya
Oppeid
Lundøya
47
Lásluokta - Lossvika
Engeløya
Strávnjunnje - Innhavet
Skranstad
Sáttonjárgga - Sandnes
Tjierrekluokta - Nordbukta
46
Lommeren
Nordskot
Hopvatnet
Vuodnabahta - Hellmobotn
Myklebostad
E6
Salhus
Leines
Valle
Helldalen
Morsvik - Murgos
Brennsund
Gjerelvmoen
Movika
Tennvatnet
Rørstad
Kvantoland
Strandå - Stradnjo
Bjørnsvika
Kjerringøy
Straumsnes - Strávve
Inner-Kalvika
Furnes
Stordalen
Megården
Kvig
Bringslimarka
Heggmoen
Grønåsen
Djuposen
Ståloluokta
Bodø - Bådåddjo
Fauske - Fuossko
Seivåg
Utvik
Børelva
Tverråmoen
0
30 km

46. NORDSKOT: SCHÄREN UND STRÄNDE AM ENDE DER WELT

Bereits die Satellitenbilder auf Google Maps lassen erahnen, dass in Nordskot exzellente Voraussetzungen für mannigfaltige Naturerlebnisse gegeben sind und sich (schon) daher ein Abstecher in den entlegenen Weiler am Ende einer Sackgasse empfiehlt.

Man hält nicht eben mal in Nordskot – vielmehr fährt man in der Regel daran vorbei, auf dem Weg zu den populären Zielen in den bekannten Regionen Norwegens. Dabei ist die Landschaft auf den Halbinseln und Inseln rund um Nordskot nicht weniger spektakulär als auf den deutlich populäreren Inselgruppen der Lofoten und Vesterålen, deren Bergmassive am Horizont auszumachen sind.

Bildgewaltige Landschaft um die Bucht Brennvika

Die Bucht von Nordskot wird auf der Meerseite durch unzählige vorgelagerte Schären und Holme geschützt, sodass sowohl Angler als auch Wassersportler in den seichten Gewässern perfekte Bedingungen vorfinden. Bei verschiedenen Anbietern kann man in den Sommermonaten die entsprechende Ausrüstung für vielfältige Aktivitäten auf oder in dem Meer – vom Schnorcheln bis

Nordskot Brygge Kajak-Verleih

Hafen von Nordskot

zum Paddeln – ausleihen oder sachkundig geführte Touren buchen.

Zum Festland hin wird Nordskot von der übermächtigen Felswand der Nordskot-Traverse geschützt, die wie eine steinerne Mauer mit fast senkrechten Berghängen die Gipfel des Sørskottinden und des Skotstindan miteinander verbindet. Der schmale Grat erinnert an den bekannten Romsdalseggen in Fjordnorwegen und sollte daher nur von klettererfahrenen Wanderern mit einer entsprechenden Ausrüstung überwunden werden. Erfahrene Guides aus der Region bieten aber auch für diese Tour entsprechende Unterstützung auf geführten Gruppentouren an.

Der 4,8 Kilometer lange Aufstieg zum Sørskottinden (608 Meter über dem Meer) wird hingegen offiziell als leichte Wanderung eingestuft und könnte daher eine nicht weniger eindrucksvolle Alternative sein. Vom ausgewiesenen Wanderparkplatz in Sørskot führt ein gut markierter Weg auf den prägnanten Gipfel, von dem aus die gesamte Nordskot-Traverse sowie der Schärengarten von Nordskot zu überblicken ist.

Ein Erlebnis ganz anderer Art verspricht ein Besuch in der Höhle Resshola. Die halbstündige Wanderung beginnt an einem Parkplatz neben den Bootshäusern am Ende des Naustnesveien. Der Weg führt zunächst immer an der Küste entlang, streift verborgene Buchten mit einsamen Stränden und passiert einen herrlichen Badeplatz mit Feuerstelle, bevor er Oksholmen erreicht – einen Felsen im Meer, zu dem man über einen feinsandigen Strand gelangt. Hier beginnt auch der teils steile Aufstieg zur Grotte, die rund 140 Meter tief in das Gestein des Skotstindan hineinragt. Eine schaurig schöne Naturattraktion, für deren Besichtigung eine Taschenlampe notwendig ist.

Eingang zur Resshola

Den Abstecher nach Nordskot sollte man auf der Hin- oder Rückfahrt unbedingt mit einem Besuch am Brennviksanden verbinden – einem Strandidyll, wie aus einem Werbeprospekt einer Karibikinsel. Die schroffen Gipfel der Bergkette Brennvikalpene bauen sich schützend vor der Bucht auf und machen dieses Panorama quasi perfekt. Vom befestigten Parkplatz am Brennviksanden kann man zu langen Strandspaziergängen oder verschiedenen Wanderungen in die umliegende Bergwelt aufbrechen.

Abertausende Farbnuancen in der Resshola

Exotische Landschaft am Oksholmen

INFO

Lage: Nordskot liegt im geografischen Dreieck zwischen Bodø, Narvik und den Lofoten.

Ausgangspunkte der Wanderungen:

- Parkplatz Sørskottinden, GPS: 67.813966, 14.785911
- Parkplatz Resshola, GPS: 67.844101, 14.811888

Versorgung: In dieser Region steht nur ein kleiner Lebensmittelladen zur Verfügung, der allerdings rund um die Uhr geöffnet ist.

Übernachten:

- Nordskot Brygge: Appartementvermietung; Nordskotveien 277, 8283 Myklebostad, *nordskotbrygge.no*
- Kommunaler Wohnmobil-Stellplatz auf dem ehemaligen Fußballplatz ohne Service gegen einen geringen Obolus; GPS: 67.829513, 14.790076

47. Engeløya: Eine Insel von Engeln erschaffen?

Die Insel Engeløya zählt wohl zu den schönsten verborgenen Schätzen in der Region Salten. Wahrlich engelsgleich wirkt die ausgewogene Mischung aus schroffen Bergen, kreideweißen Sandstränden, saftigem Grün und dem kristallklaren Wasser, das in der Sonne smaragdgrün schimmert.

Die weitläufige Sandlandschaft mit den vereinzelten Grasbüscheln und den Sanddünen am 800 Meter langen Strand Bøsanden erinnert unweigerlich an die Nordseeküste Dänemarks. Die umliegenden schroffen Gipfel und der eindrucksvolle Blick auf die Lofotenwand bestätigen jedoch auf eindrucksvolle Weise, dass man inmitten einer außergewöhnlichen Kulisse Nordnorwegens unterwegs ist. Ein wunderbarer Ort für erholsame Strandspaziergänge, zu denen man direkt vom großzügig angelegten Parkplatz hinter den Dünen aufbrechen kann.

Dünenlandschaft am Strand Bøsanden

Im Nordwesten von Engeløya, unweit des Strandes Bøsanden, stößt man auf die Batterie Dietl, ein bemerkenswertes Relikt aus dem Zweiten Weltkrieg. Diese Küstenfestung war ein Teil des Atlantik-

Wohnmobilstellplatz an den Stränden von Engeløya

walls und sollte eine strategische Kontrolle über den Vestfjord nahe Narvik gewährleisten. Die Militäranlage wurde mit drei monumentalen Kanonen ausgestattet, die eine ungeheuerliche Reichweite von bis zu 56 Kilometern hatten. Obwohl sie nur für Testzwecke abgefeuert wurden, hinterließen sie bei den Einheimischen eine nachhaltige Wirkung: Es wird berichtet, dass die Druckwellen der Schüsse so stark waren, dass Fenster im Umkreis von einem Kilometer zu Bruch gingen. Heute sind die Kanonen nicht mehr vorhanden, aber die massiven Fundamente und Bunker der Festung sind immer noch zu besichtigen. Einer dieser Bunker wurde in ein Museum umgewandelt, das zwischen Mitte Juli bis Mitte August Besuchern Einblicke in die Zeit der deutschen Besatzung vermittelt. Das umfangreiche Festungsgelände mit zahlreichen Bunkern und Ruinen steht Besuchern jederzeit für individuelle Erkundungen offen – eine Taschenlampe ist dabei unabdingbar.

Aufgrund seiner herausstechenden Lage war Engeløya bereits in der Wikingerzeit von großer Bedeutung und galt als Sitz einiger bedeutender Anführer. Diese historische Relevanz wird durch zahlreiche archäologische Funde unterstrichen, darunter die ringförmige Siedlungsanlage Vollmotunet, die auf der Insel entdeckt wurde. In unmittelbarer Nähe zur alten Steinkirche, deren älteste

Bushaltestelle auf Engeløya

Teile ins 13. Jahrhundert zurückreichen, befindet sich der Grabhügel Sigarhaugen. Dieser wird auf das 7. bis 8. Jahrhundert datiert und als größter Grabhügel Nordnorwegens eingestuft. Der bislang ungeöffnete Hügel führt bis heute zu Spekulationen über eventuell verborgenen Schätze oder Geheimnisse.

Steigen Kirke aus dem Mittelalter

Nicht weit entfernt von der mittelalterlichen Kirche liegt das historische Pfarrhaus von Engeløya, umgeben von dem prachtvollen Prestegårdshagen. Dieser Garten, der Ende des 19. Jahrhunderts von dem damaligen Gemeindepfarrer Johan Carl Richard Wisløff angelegt wurde, diente als experimenteller Ort, um zu erforschen, welche Pflanzen in den rauen Klimabedingungen Nordnorwegens gedeihen können. Heute schmücken überwiegend Kastanien, Linden, Eichen und Blutbuchen den Garten, der jederzeit zu einem Bummel einlädt. Besucher können dabei die wohl nördlichsten wilden Haselnussbäume bestaunen.

In Våg, südwestlich der Steigen-Kirche, führt ein unscheinbares Schild zu einem versteckten Kleinod: Elses Oase, ein charmantes kleines Café, umrahmt von einer großzügigen Terrasse und einem bezaubernden Blumengarten, bietet eine genussvolle Auszeit vom Alltag. Neben einer Auswahl an Geschenkartikeln und Pflanzen, die zum Verkauf stehen, besticht Elses Oase durch eine einzigartige Kollektion an Einrichtungsgegenständen, die jedem Zuhause eine individuelle Note verleihen. Besonders hervorzuheben sind die

Blumenkohlsuppe in Elses Oase

Ein unwiderstehliches Sortiment findet sich in Elses Oase

Blick auf den Strand Bøsanden in Bø

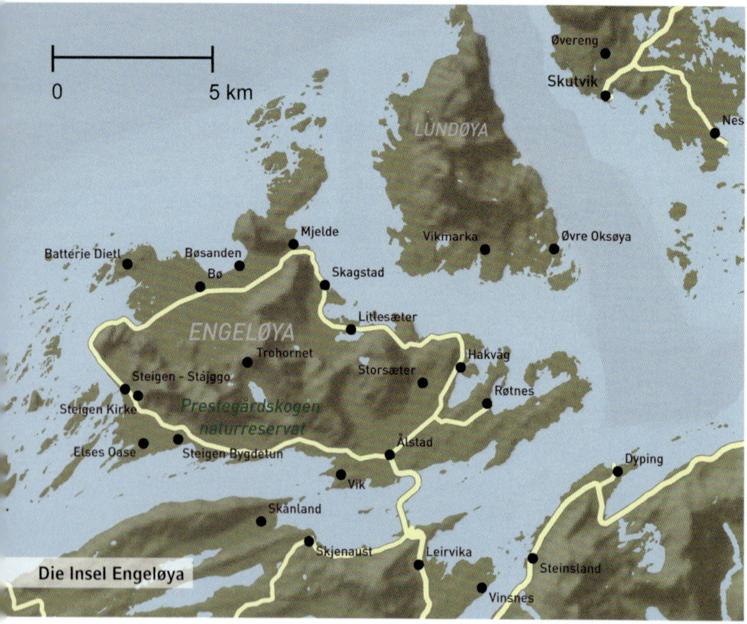

Die Insel Engeløya

hausgemachten Mittagsgerichte, die täglich frisch mit lokalen Zutaten zubereitet werden. Die Kuchen und Zimtschnecken sind ein kulinarisches Highlight, das sich kein Besucher entgehen lassen sollte.

Wer Engeløya von oben sehen möchte, sollte sich Wanderschuhe anziehen und die acht Kilometer lange herausfordernde, aber spektakuläre Wanderung zum 645 Meter hohen Gipfel des Trohornet, dem zweithöchsten Berg der Region, unternehmen. Vom Beginn der Wanderung bis zum Gipfel führt ein klar gekennzeichneter Weg durch eine abwechslungsreiche Landschaft. Die Aussicht am Ziel bietet atemberaubende Ausblicke auf lange Strände, den Vestfjord, nahe gelegene Inseln und die Lofotenwand.

INFO

Lage: Die Insel Engeløya liegt gegenüber dem Lofoten-Archipel auf halber Höhe zwischen Bodø und Narvik und ist nach einer rund einstündigen Stichfahrt von der Europastraße 6 zu erreichen.

Ausgangspunkt der Trohornet-Wanderung:

- Parkplatz, GPS: 67.922385, 15.095748.

Einkehren:

- Elses Oase: beherbergt Café, Restaurant und eine beliebte Interieur-Boutique; Vågsveien 15, 8289 Engeløya, GPS: 67.921987, 14.997143
- Steigen Vikingstue: uriges Restaurant, Bar und Nachtclub; Engeløyveien 287, 8289 Engeløya, GPS: 67.929230, 15.002546

Übernachten:

- BØ Camping: mit Stellplätzen für Wohnmobile und Zelte in herrlicher Lage direkt am Meer (Barzahlung Briefkasten); Bøsjyveien, 8289 Engeløya, GPS: 67.970405, 15.007099
- Steigen Lodge: vermietet moderne Ferienhäuser in traumhaften Lagen wie Vågsveien 18, 8289 Engeløya oder Rossoya, 8289 Våg; *steigenlodge.no*

48. TRANØY: LEUCHTTURM UND DORFIDYLL

Tranøy Fyr ist ein wahrer Blickfang unter den derzeit etwa 110 Leuchttürmen an der norwegischen Küste und daher schon immer ein beliebtes Fotomotiv – zumal von seinem Platz an der Westspitze der wildromantischen Halbinsel Tranøy der Blick über den Vestfjord bis zur Lofotenwand reicht.

Der bildgewaltige Leuchtturm auf der felsigen Schäreninsel vor der Halbinsel Tranøy gilt als Wahrzeichen der gleichnamigen Ansiedlung, deren Holzhäuser sich entlang der zerklüfteten Küste am Vestfjord verteilen. Die prädestinierte Lage an den fischreichen Gewässern direkt gegenüber den Lofoten verhalf Tranøy bereits frühzeitig zu einer entsprechenden Bedeutung. Die ehemalige Handelsstation erlebte daher in den 1860er-Jahren einen phänomenalen Aufschwung, als der Heringsfang den Menschen der Region ein gutes Auskommen bescherte. Damals entstanden in der bis dahin unscheinbaren Ansiedlung ein Dampfschiffanleger mit Kohlelager, etwa 40 private Lotsenstationen, Fabriken für die Verarbeitung und Konservierung der Fische sowie Bäckereien, Gaststätten und einfache Übernachtungsmöglichkeiten.

Sonnenaufgang am Leuchtturm Tranøy Fyr

Der Walfänger Svolværingen ist heute ein Fischrestaurant

Einige dieser Gebäude wurden restauriert und beherbergen heute Galerien, Ausstellungen, Cafés und einen kleinen Lebensmittelladen, der zugleich ein Treffpunkt für die verbliebenen rund 40 Einwohner ist. Ein Abstecher in den Hafen der Siedlung ermöglicht ein besonderes kulinarisches Erlebnis. Dort werden an Bord des denkmalgeschützten Walfängerschiffes MS „Svolværingen" frische Meeresfrüchte und teils exotische Delikatessen aus den umliegenden Gewässern in urig authentischer Umgebung kredenzt – von frisch gebratenen Kabeljauzungen bis hin zu mariniertem Walfleisch. Wer mag, kann nach einem ausgiebigen Mahl gleich auf dem benachbarten Wohnmobilstellplatz im Hafen übernachten.

Doch auch ein Besuch am 1864 errichteten Leuchtturm bzw. eine Einkehr in das gemütliche Restaurant im ehemaligen Leuchtturmwärterhaus verspricht köstliche Einblicke in die traditionelle nordnorwegische Küche, die in hohem Maße auf frische lokale Zutaten setzt. Eine anschließende Übernachtung in einem der 16 Gästezimmer macht den Aufenthalt in Tranøy ganz sicher zu einem unvergesslichen Erlebnis – mit dem Rauschen der Wellen als Sound zum Einschlafen und dem goldenen Schein der Mitternachtssonne als Nachtlicht. In der Umgebung des Leuchtturms, der von einem

Badestrand neben dem Hafen von Tranøy

Parkplatz über eine Fußgängerbrücke bequem zu erreichen ist, kann man wunderbar schnorcheln, Kajak- und Radfahren, Seevögel beobachten oder einfach über die Felsen der Küstenlandschaft wandern. Die notwendige Ausrüstung lässt sich, bis hin zu SUP-Boards, vor Ort ausleihen.

Ein derart erlebnisreicher Tag am oder im Meer wird mit etwas Glück und Geduld in den Abendstunden durch tanzende Nordlichter ge-

In Tranøy sind viele Skulpturen zu entdecken

krönt, die man hier von Ende August bis Ende März ganz fantastisch beobachten kann. Fernab der Lichtverschmutzung großer Orte und mit einem freien Blick über den Fjord sind hier beste Bedingungen für diese unvergesslichen Augenblicke gegeben, wie eine Vielzahl veröffentlichter Aufnahmen belegt.

Panoramablick auf Tranøy

INFO

Lage: Der Leuchtturm Tranøy Fyr liegt auf der Halbinsel Tranøy in der Provinz Nordland, nördlich des Polarkreises. GPS: 68.184240, 15.599981

Einkehren:

- Tranøy Fyr: Restaurant im Leuchtturm; GPS: 68.184132, 15.599811
- Svolværing: Meeresfrüchte-Restaurant auf einem ehemaligen Walfängerboot; Tranøyveien 1427, 8297 Tranøy, (Sommersaison), GPS: 68.181259, 15.671972

Übernachten:

- Tranøy Fyr: *tranoyfyr.no/overnatting*
- Ausgewiesene Wohnmobil-Stellplätze von privaten Anbietern im Hafen, GPS: 68.181263, 15.672605, oder auf einem Grundstück im Dorf, GPS: 68.180932, 15.654140

49. Kjerna: Nordnorwegens Preikestolen

Nördlich von Bognes schlängelt sich die Europastraße 6 durch eine bemerkenswert geformte Landschaft mit steil abfallenden Berghängen und tief eingeschnittenen Fjorden – ein unvergleichliches Panorama, das sich dem Betrachter am Ziel der kurzen Wanderung zur Felsformation Kjerna erschließt.

847 Meter überragt der Gipfel des mächtigen Stortinden die Umgebung und dominiert das Landschaftsbild mit seiner steilen Abbruchkante auf der Westseite. Aus diesem Berggrat ragt an der fast senkrecht abfallenden Wand die scharfkantige Felskanzel Kjerna (650 Meter über dem Meeresspiegel) wie eine steinerne Skulptur empor. Diese signifikante Form führt unter anderem regelmäßig zu einer Einstufung des Kjerna als nordnorwegische Antwort auf den populären Preikestolen am Lysefjord im Süden Norwegens. Ein Vergleich, der durch die identisch schwindelerregende Aussicht und ein absehbares Kribbeln in der Magengegend am Ziel der Wanderung noch verstärkt wird.

Abendstimmung an der Felsformation Kjerna

Blick zur Felskanzel Kjerna

Dabei ist die Tour auf den Kjerna deutlich kürzer und einfacher zu bewältigen, denn der Aufstieg beginnt an einem Parkplatz neben der Europastraße 6 auf dem kleinen Pass Skjellesvikskaret. Von hier aus sind auf einem größtenteils moderaten Anstieg lediglich rund 400 Höhenmeter und eine Distanz von etwa anderthalb Kilometern zu überwinden. Die Wanderung beginnt zunächst sanft und folgt den vereinzelten Markierungen durch die offene Berglandschaft mit den für die Region charakteristischen Felsplatten und kleineren Abhängen mit etwas Geröll. Die flache Vegetation klammert sich förmlich an die Steine und der zumeist spärliche Bewuchs versteckt sich in den Spalten. Nach etwa 1000 Metern folgt der Anstieg dem Bergrücken nach rechts und wird allmählich steiler – wobei es nie besonders exponierte oder ausgesetzte Passagen auf dieser Tour gibt.

Felskanzel

Kurz nach diesem steileren Abschnitt erreicht man an einem kleinen Tümpel eine Weggabelung: Rechter Hand führt der Pfad zum Gipfel des Stortinden, während man auf dem linken Abzweig zum Kjerna gelangt. Von hier aus ist die weitere Wegstrecke schnell und leicht zu bewältigen, denn der restliche Aufstieg ist nicht besonders herausfordernd, und nach weiteren rund 150 Höhenmetern

Stortinden Massiv mit dem Kjerna

erreicht man bereits den Berggrat und nur wenige Schritte später die Felskanzel des Kjerna. In dem gesamten Bereich ist Vorsicht geboten, denn es gibt an der teils überhängenden Abbruchkante oberhalb der nahezu vertikalen Felswand keinerlei Absperrungen oder andere Sicherungen.

Blick zurück in Richtung Stetind (rechts)

Kjerna: Nordnorwegens Antwort auf den Preikestolen

Allerdings wird man zweifelsohne von dem atemberaubenden Blick gefangen sein, der bis hinüber zu den Lofoten reicht. Unter einem liegen wie in Miniaturen die Häuser der Siedlungen Ulvika und Eidet, während sich im Süden der gewaltige Tysfjord erstreckt. Dreht man sich um und blickt ins Landesinnere, sind die unverwechselbaren Formen des Kulhornet und des Norwegischen Nationalberges Stetind auszumachen – ein gewaltiges Panorama, eine geradezu „tolkienische“ Welt von übernatürlicher Schönheit.

INFO

Lage: Die Felsformation Kjerna befindet sich etwa eine Autostunde südlich von Narvik.

Wanderung:

- Ausgangspunkt: Parkplatz zwischen Skarberget und der Kjerringstraumen-Brücke über den Efjord, GPS: 68.256467, 16.395616
- Länge: etwa drei Kilometer komplett; Anstieg etwa 400 Höhenmeter; Dauer: zwei Stunden (gesamte Wegstrecke). Die beste Zeit für diese Wanderung ist von Anfang Mai bis Mitte Oktober.
- Übersichtskarte und GPX Daten über QR Code auf *Nordlandblog.de*

50. STETIND: NORWEGENS NATIONALBERG

Wer um die Bedeutung des Matterhorns für die Schweizer Eidgenossen weiß, kann in etwa den Stellenwert des offiziellen Norwegischen Nationalbergs Stetind erahnen. Welcher der beiden Gipfel imposanter oder markanter ist, muss jedoch jeder Besucher für sich selbst entscheiden ...

Parkplatz und Tunneleinfahrt unter dem Stetind

Die Skandinavier lieben Rankings in jedweder Form, ob es um die beste Eisdiele, die schönste Toilettenaussicht und andere, mehr oder weniger „essentielle“ Dinge geht. So verwundert es kaum, dass 2020 der Radiosender „Reiseradioen“ des staatlich norwegischen Rundfunks NRK zur Wahl eines Norwegischen Nationalberges aufrief. Im Finale der Abstimmung befanden sich so renommierte Bergformationen wie die Snøhetta im Dovrefjell, das

Romsdalshorn in Møre og Romsdal, der Glittertind im Jotunheimen, der Gaustatoppen in der Telemark und eben der Stetind in Nordland – schlussendlich der Gewinner in diesem Voting, an dem rund 60.000 Norweger teilnahmen.

Bis heute wird das Ergebnis allerdings regelmäßig kritisch hinterfragt und das rechtmäßige Zustandekommen der Abstimmungsergebnisse infrage gestellt, da in der Region um den Stetind damals Telefonkarten im Wert von 19.000 Norwegischen Kronen während der telefonischen Abstimmung verteilt wurden ... Zudem wird seither über die richtige Schreibweise bzw. die korrekte geografische Bezeichnung gestritten, von der es – wie so oft in Norwegen – verschiedene Versionen gibt: Stetind und Stetinden.

Die Nordnorweger nehmen all das gelassen, trägt doch „ihr" Berg seit Menschengedenken ohnehin den erhabenen Beinamen „Gottes Amboss" – eine überlieferte Bezeichnung, die das mächtige und einzigartige Erscheinungsbild des 1392 Meter hohen Obelisken aus Granit beschreiben soll. Seine charakteristische Silhouette half in der Vergangenheit den Seefahrern vor der nordnorwegischen Küste bei der Orientierung und nährte schon lange den Wunsch einiger Bergsteiger, diesen legendären Gipfel zu erklimmen.

Nordlichter über dem Stetind

1910 war es dann soweit: Am 30. Juli wurde der Stetind erstmals von Ferdinand Schjelderup, Carl Wilhelm Rubenson und Alf Bonnevie Bryn bezwungen. Zuvor waren einige bekannte Bergsteiger aus dem In- und Ausland daran gescheitert. Heute bieten erfahrene Guides aus der Region fachkundig geführte Touren auf den Stetind an, die in den Sommermonaten im Vorfeld gebucht werden können. Mit einer entsprechenden Kondition und der notwendigen Trittsicherheit lässt sich somit diese luftige Tour auf die scharfkantige Granitspitze realisieren.

Wer sich das nicht zutraut, aber zumindest einen unvergesslichen Blick aus nächster Nähe erhaschen möchte, kann vom Parkplatz am Fuß des Stetind der markierten Wanderroute bis zum Halls Fortopp folgen, einem kleineren Gipfel in rund 1300 Meter Höhe unmittelbar neben dem Stetind. Eine durchaus anspruchsvolle Wanderung über eine Distanz von etwa zehn Kilometern, die aber durchweg ohne Kletterausrüstung zu bewältigen ist. Alternativ dazu fängt man den imposanten Blick auf den Stetind direkt vom bereits erwähnten Parkplatz ein.

INFO

Lage: Der Stetind befindet sich am Tysfjord, etwa eine Autostunde von Bognes entfernt, GPS: 68.165267, 16.591371

Fototipp: Ein hervorragendes Motiv ergibt sich direkt vom Ufer des kleinen Flusses neben dem Rastplatz (siehe Folgeseite).

Wandermöglichkeiten: Der Gipfel des Stetind ist nur mit entsprechender Erfahrung und Kletterausrüstung oder in Begleitung durch erfahrene Guides zu erreichen. Zum 1300 Meter hohen Halls Fortopp mit Blick auf den Stetind gelangt man auch ohne spezielle Ausrüstung.

Übernachten:

- Pluscamp Ballangen Camping: mit Plätzen für Wohnmobile und Zelte sowie Campinghütten in verschiedenen Preisklassen; Stor-Ballangen, 8540 Ballangen, *ballangen-camping.no*

Register

Der markante Stetind ist ein Wahrzeichen der Region

REGISTER

U

V

W

Y

Z

Nordlichter sind von Ende August bis April zu sehen

Wie kommt nur dieses Loch in den Berg?

Bildnachweis:
Alle Bilder von Cornelia und Sirko Trentsch. Karten: Mapcreator.io, OSM.org, ©DLR, ©Airbus Defense and Space, ©Copernicus S. 28, 29, 33, 57, 83, 127, 173, 197, 249